그리스도인을 위한 신앙생활 지침서

주기도문·사도신경·십계명 그리스도인의 참된 생활

국립중앙도서관 출판예정도서목록(CIP)

주기도문·사도신경·십계명 : 그리스도인의 참된생활 : 그
리스도인을 위한 신앙생활 지침서 / 지은이: 이일화. -- 서
울 : 유림프로세스, 2014
    p. ;   cm

ISBN 978-89-98771-02-7 03230 : ₩9800

기독교 신앙 생활[基督教信仰生活]

234.8-KDC5
248.4-DDC21   CIP2014020887

요약 | 기독교 예배와 교리

그리스도인을 위한 신앙생활 지침서

주기도문·사도신경·십계명
그리스도인의 참된 생활

이일화 지음

유림

일러두기

1. 성경 본문의 인용은 개신교회에서 일반적으로 사용하는 대한성서공회의 개정개역 4판을 따랐으며 다른 번역본을 인용한 경우 번역본을 밝히었습니다.

2. 한글 맞춤법과 성경 본문의 표현 방법이 다를 때는 가능한 한 성경 본문이 사용하는 어법을 따르도록 하였습니다. 예를 들면, 주기도문과 같이 성경의 본문과 어법적 표현이 서로 다른 경우(예, '것같이'와 '것 같이') 주기도문을 직접 인용한 곳 이외에는 성경 본문이 표현하고 있는 어법(예, '것 같이')을 따르도록 하였습니다.

3. 본문의 성경 구절의 인용과 참고에 대한 표기는 독자들이 스스로 성경을 찾아보고 이해할 수 있도록 문장의 뒷부분 또는 별도의 문장으로 괄호 안에 나타내었으며, 약어는 '성경 책명 약자표'를 따랐습니다. 다만, 성경구절의 인용과 참고의 표기 방법은 성경의 장과 절을 성경 약어와 붙여서 표기(예, '마12:4')하였으며, 인용된 성경의 장과 절이 표기된 후 이어서 동일한 장의 절을 인용하게 될 경우에는 콤마(,)로 구분하여 붙여서 표기하고, 성경은 동일하되 장과 절이 다를 경우에는 콤마(,) 후에 성경은 표기하지 않고, 장과 절만 구분하여 칸을 띄어서 표기하였습니다.

4. 참고 문헌은 고도의 신학적 견해가 필요한 경우 성경 해석과 성경에 기록되지 않는 일반적이고도 개론적인 관점을 정리하는데 필요한 자료들이었습니다. 그러나 본서는 기본적으로 성경 본문만으로 그 내용을 기술하려고 애썼으므로 참고 문헌 각 페이지 단위의 인용은 편집 특성상 필요치 않은 부분이었습니다. 따라서 성경 구절 이외에는 어떤 참고 문헌도 본문 내에 참고자료로 표기되지 않도록 하였습니다.

내가

하나님의 아들의 이름을 믿는

너희에게

이것을 쓰는 것은

너희로 하여금

너희에게 영생이 있음을

알게 하려 함이라.

(요일5:13)

하나님이

세상을 이처럼 사랑하사

독생자를 주셨으니

이는

그를 믿는 자마다

멸망하지 않고

영생을

얻게 하려 하심이라

(요3:16)

✚ 말씀의 네비게이션

신앙생활의 기초와 예배, 교리에 대한 관련 성경말씀을 찾다가 헤매는 경우가 있을 때 이 책이 가져다주는 유익함이 매우 크다. 촘촘하게 엮어진 그물망에 성경 전체에서 말씀을 건져 올리는 것과 같은 감동을 느끼기도 한다. 이는 성경을 사랑하는 마음에 비례하여 더욱 클 것이다. 어떠한 형식이나 전통보다 오직 말씀 위에서 정확하게 배우고, 성장해 나가기 위해 이 책이 주는 도움은 결코 작지 않다고 본다. 사모하는 마음으로 성경말씀과 함께 이 책의 수시로 펼쳐 본다면, 하나님을 알아가는 네비게이션이 될 것임이 분명하다.

_박문수 (2010-07-06)

✚ 기독교신앙과 교리에 대해 잘 정리된 교재

이 책은 쉽게 읽을 수 있는 서술형 책이 아니라 번호가 달려있는 강의안 형 책이라고 해야 맞을 것이다. 그래서 이 책은 교재라고 해야 한다. 그래서 이 책의 내용을 우리가 꼭 한번은 짚고 넘어가야할 내용을 간단 간단하게 정리해 놓고 있으며 그 내용을 세부적이고 성경구절을 근거해서 기록하고 있는 책이다. 이 책은 기독교 교리 매뉴얼이라고 해도 맞을 것이다.

_신용환 (2009-06-08)

✚ 교리를 알아가자

체계적으로 교리를 공부할 수 있게 되어 있습니다. 꾸준하게 성경을 옆에 두고서 공부를 하면 교리와 성경에 대한 깊이가 더욱 있어 집니다. 우리가 교회생활을 하면서 주일 설교만으로는 채워지지 않는 갈급함과 영적 목마름이 있습니다. 교회에서 성경이나, 교리 공부 프로그램이 되어 있으면 참석할 수 있겠지만, 그렇게 못한 교회가 더욱 많습니다. 하나님이 원하시는 신앙생활이 되어지기 위해서는 더욱 깊이 공부하며 알아가는 데 노력을 해야 합니다. 혼자서도 할 수 있고, 함께 하는 것은 더욱 유익할 것 같습니다.

_최요섭 (2009-04-22)

✚ 수없는 말씀 구절들로 채워진...

말 그대로 성경핸드북. 성경 옆에다 두기 위한 용도로 나왔다.

약 3주 정도를 투자해서 16장으로 되어 있는 이 책의 각 장들을 공부해 보라. 부담 없이 매일 조금씩 기독교의 교리를 음미해 갈 수 있다.

이 책의 특징은 이 일을 철저히 성경에 기반 하는 것이다.

저자의 설명을 가급적 줄이고, 찾아야할 성경 구절을 제시하는 것으로 대신하고 있다. 그렇기 때문에 이 책은 성경 읽기 도우미이면서 교리서이고 성경공부 교재로도 사용할 수 있다. 독자 마음이다. 개인적으로는 혼자서 교리 공부를 하기 원할 때 활용하는

것이 가장 좋다고 본다. 물론 여럿이 모여 각기 성경 구절을 나눠
찾고 돌려가며 읽는 것도 참 좋은 시간이 되리라 믿는다.

_구교영 (2006-10-24)

➕ 기독교인이라면 기본적으로 알아야 할 내용

가장 기초적인 기독교 용어를 모르고 신앙생활을 하는 이들도
있습니다. 아마 이 책은 신앙생활의 첫 걸음을 걸어가고 있는 분
들에게 가이드가 될 것이고 도움이 될 것입니다. 저자는 신앙생
활 속에서 일어난 일 들을 바탕으로 한 경험을 많이 내포하고 있
습니다.

제목 그대로 하나님을 찾아가는 길이 무엇인지를 분명 알 수
있을 것입니다. 또한 신앙생활이 좀 어려우신 분들에게 참고서가
될 것입니다. 뿐만 아니라 교역자들에게는 평신도 교육의 교재로
활용해도 되고 새 신자 교육에도 큰 도움이 될 것입니다. 모든 성
도들에게 신앙생활에 도움을 주는 책이 나온 것에 감사합니다.

_김호용 (2006-08-17)

▶이전의 도서 출판 '누가'에서 출간되었던
'하나님을 찾아가는 길' 갓피플 댓글에서
(www.godpeople.com)
(http://mall.godpeople.com/?G=9788989344674)

기독교인이라면 누구나 할 것 없이 알아야 하는 기본 교리를 매우 알기 쉽게 정리한 책이 나오게 된 것을 무척 기쁘게 생각합니다.

저자는 기독교인이 알아야 할 하나님을 아는 지식, 즉 기독교인의 기본 교리와 참된 신앙생활을 아주 세밀하게 성경말씀을 토대로 하여 정리하고 있습니다.

이 책은 다음과 같은 분들에게 유용한 성경공부 교재로 사용할 수 있을 것으로 기대합니다.

첫째, 처음 교회에 출석하는 새 신자는 기독교의 복음을 깨달음으로 바른 예배의 참여가 가능하며,

둘째, 기존 성도(聖徒)들은 예수 그리스도의 구원의 은총을 다시 한번 파노라마처럼 이해할 수 있고,

셋째, 제직자(諸職者)들은 기독교의 근본적인 교리와 성경 연구를 통하여 하나님을 아는 지식을 한층 더 쌓아 가게 되며,

넷째, 신학생들은 신학을 입문하기 위한 기초적인 성경 지식을 체계적으로 습득하기에 유익할 뿐만 아니라,

다섯째, 목회자는 설교를 위한 기초자료로 적절히 활용할 수 있으리라고 생각됩니다.

이와 같이 교회의 여러 성도들을 위한 성경공부 교재로 쓰기에 적절히 구성되어 있기 때문에, 성경공부를 하시는 여러분들에게 성경의 길라잡이와 신앙을 다지는 좋은 교재가 되리라고 확신합니다.

성도 여러분의 건강과 참된 신앙의 길을 걷는다는 것이 더 없는 행복이라는 것을 이 책을 통하여 깨달으시기를 주님 안에서 기도 드립니다.

2004년 10월

전 서울신학대학교 총장
현 서울신학대학교 조직신학 교수
신학박사 **한 영 태**

기독교인의 신앙생활과 기독교의 근본교리를 알기 쉽게 성경을 중심으로 일목요연하게 정리된 책이 발간되게 된 것을 매우 기쁘게 생각합니다.

처음 책의 원고를 접하였을 때, 놀라움과 기쁨이 함께 하였습니다. 이전에는 성경을 토대로 이렇게 교리를 체계적으로 해설한 책이 없었을 뿐 아니라, 성도들에게 꼭 필요한 책이었을 뿐만 아니라 양 또한 방대하였기 때문입니다.

목차를 살펴보면 이 책이 성도들에게 매우 유익하고, 하나님을 알기 위해서는 반드시 필요한 교재임을 누구나 알 수 있을 것입니다.

성도가 교회를 다니며, 목회자의 설교를 이해하기 위해서는 하나님과 예수 그리스도, 그리고 교회에 대한 기본적인 지식이 필수입니다. 이 책은 항목마다 성경을 인용한 부분을 밝힘으로써 어느 정도 신앙생활의 기반에 선 사람들도 보다 더 체계적으로 기독교의 교리를 공부 할 수 있도록 안내하고 있습니다.

예수 그리스도를 만나고 사랑하는 사람들이 신앙생활을 다지기 위하여 홀로 성경말씀을 찾아보며 성경을 가까이 하거나 그룹으로 나누어 성경주제별로 토의하며 공부하는데도 아주 유익할 것으로 보입니다.

특히 군더더기 없이 성경말씀만을 교리 주제별로 정리하여 성경에서 우리 기독교의 기본 교리를 공부하는 데에는 아마 이 책만큼 좋은 책이 없을 것으로 보입니다.

　이 책을 주제로 공부하는 이들에게 하나님께 나아가는 믿음과 축복이 더하여지시기를 간절히 소망합니다.

2004년 10월

대한예수교장로회 삼일교회
담임목사 김 재 육

평신도들에게 정말로 필요한 것은 어떤 신학자의 깊은 논쟁이나 어느 한 개인의 간증이 아니라 예수 그리스도께서 우리에게 들려주시고자 하시는 말씀이며, 구체적으로 우리들에게 나타내시고자 하시는 하나님의 사랑일 것입니다.

우리는 오로지 하나님의 말씀인 성경을 통하여 하나님의 사랑을 알게 되며, 하나님께서 우리를 부르시는 음성을 들을 수 있습니다. 체계적인 교리(주, 성경에 대한 객관적인 교훈)를 중심으로 공부하게 되는 하나님의 말씀은 우리를 보다 주님께로 가까이 나아가게 하고, 예배와 삶의 지평을 열어줄 것입니다.

지금까지 여러 가지 교재들이 시중에 나와 있었지만, 성경말씀을 중심으로 간략하게 정리된 교재는 찾아보기 어려웠습니다. 따라서 성도들을 위한 가장 쉽고도 간략한 기독교 교리공부 교재가 반드시 필요하다는 인식을 하였으며, 또한 처음 기독교를 입문하는 새 신자뿐만 아니라, 하나님에 대하여 체계적으로 그리고 보다 깊이 있게 알기를 원하는 사람들까지도 이해할 수 있는 성경공부 교재가 교회에 필요하다는 것을 알게 되었습니다.

이는 교회의 최고령자이신 한나회와 그룹 성경공부를 시작한 후, 무엇보다 더욱 절실하여졌습니다. 어떻게 하면 가장 쉽게 성도들이 이해할 수 있고, 가장 성경 중심적인 기독교 교리공부 교재를 만들 수 있을까 고민하던 결실이 이 책으로 보여지게 된 것입니다.

혹자는 성경공부 지도자를 위한 이 책의 지침서를 만들기를 요청하였지만, 이 책만으로도 충분히 성경 구절을 찾아가며 혼자서도 성경 공부를 해 나갈 수 있다고 확신하였던 탓에, 도서출판 누가에서 출간되었던 '하나님을 찾아가는 길'에 주기도문과 사도신경, 십계명을 추가하고 보완을 거쳐 성도들에게 보다 더 친근하고도 다가가기 쉬운 제목으로 개정판을 출간하게 된 것입니다. 이는 전적으로 도서출판 누가의 정종현 목사님의 흔쾌한 허락과 도우심이었습니다.

이번 개정판에서는 '그리스도인의 참된 생활'에서 '그리스도인의 올바른 경제생활'을 추가하였으며, 예수님께서 십자가에 달려 돌아가셨던 마지막 일주일간의 고난의 여정을 마가복음서를 따라 재정리하였습니다. 또한 성경의 인용 본문을 개정된 성경 '개역개정 4판'의 본문에 맞추어 독자들이 읽기에 어렵지 않도록 하였으며, 활자의 크기를 독자층을 고려하여 좀 더 크게 편집하여 쉽게 읽을 수 있도록 하였습니다.

하나님을 알기를 원하시는 분들이라면 이 책을 중심으로 성경구절을 찾아 믿음을 확증하며 보다 깊이 있게 성경을 공부할 수 있을 것입니다.

우리의 구세주이신 예수 그리스도 그분을 알고, 그분을 찾아 뵙옵기를 다짐하고 노력하는 이들에게, 이 책이 조그마나마 귀한 선물이 되기를 열망하며, 하나님의 은총이 이 땅에 살고 있는 우리 모두에게, 특히 우리 그리스도인들에게 함께 하시기를 간절히 소망합니다.

2013. 4.

저자 올림

차 례

제 **1** 장

영원한 생명으로 인도하는 진리

영생으로 인도하는 구원의 진리를 찾아가 봅니다. 하나님의 천지창조와 인류의 구원, 그리고 믿음의 삶까지 모두 아홉 단계로 나누어 공부합니다. 예수 그리스도를 알지 못하고 기독교를 처음 알게 되는 사람도 이 장을 공부함으로써 인간을 죄에서 구원하시는 예수 그리스도의 비밀을 알게 되는 기쁨을 누리게 될 것입니다.

예수께서 이르시되 내가 곧 길이요 진리요 생명이니
나로 말미암지 않고는 아버지께로 올 자가 없느니라

(요14:6)

영원한 생명으로 인도하는 진리에 대하여

신앙생활의 출발은 우리가 믿는 예수 그리스도, 그분이 어떤 분이신지를 아는 데서부터 출발합니다. 하나님의 구원의 계획을 이해하면 할수록 그분의 인류에 대한 사랑과 관심 매우 깊었음을 알 수 있습니다.

교회를 다니는 사람이든 그렇지 않은 사람이든 예수 그리스도에 대하여 아는 것은 바로 성경을 통해서입니다. 예수 그리스도에 대하여 듣는다는 것은 복음이 무엇인지 아는 것이며, 궁극적으로는 인간이 하나님께 가까이 나아가는 출발점이 되는 것입니다.

하나님께서 천지를 창조하시고 인간을 만드신 이후에 수많은 사람들이 이 세상에 넘쳐나게 되었을 때, 주님께서는 인간이 죄에서 구원을 받기 위해서는 죄 없는 어린 양의 희생제물이 필요했음을 아셨고, 따라서 죄 없으신 그분의 외아드님을 친히 동정녀의 몸을 통해서 이 세상에 보내셨습니다. 그리고 그분의 외아드님이신 예수 그리스도께서는 삼십삼 년간의 공생애를 사시다가 희생제물이 되시어 십자가에 달려 돌아가셨고, 다시 사흘 만에 죽은 자 가운데서 부활하셨습니다. 부활하신 후에는 사십 일간을 이 세상에 계시다가 오백여 명의 사람들이 바라보는 가운데서 하늘로 올리우셨습니다. 이것이 바로 예수님에 대한 성경의 기록입니다.

그분은 이 세상에 계시는 동안 수많은 병자를 고치셨으며, 앉은뱅이를 일으키셨고, 가난한 과부의 작은 헌금을 칭찬하셨으며, 죄인들과 함께 하셨습니다. 그분은 죄를 사하시며, 더러움을 깨끗하게 하셨을 뿐만 아니라, 사람들이 싫어하는 비천한 무리와 함께 하셨고, 매인 자에게 자유함을 병자에게는 고침을 주셨습니다. 예언자들은 이미 예수 그리스도, 그분이 우리의 구세주이심을 알려주셨을 뿐만 아니라, 귀신들조차도 예수님이 거룩하신 하나님의 외아드님임을 알았습니다. 우리는 거룩하신 하나님의 아드님이신 그분을 믿는 것입니다. 믿음으로 우리는 하나님께 의롭다 칭함을 받을 것이며, 그 이후의 삶은 예수 그리스도를 닮아가는 생활로 나아가게 됩니다.

이 장은 예수 그리스도를 정확하게 알지 못하는 사람들을 위하여 성경이 우리에게 들려주시고자 하는 말씀의 내용과 더불어 그분이 어떤 분이신지를 소개하며, 초신자에게는 신앙생활의 기초를 가르칩니다. 그리고 예수 그리스도를 알지 못하는 사람에게는 전도용 책자로 기독교인의 생활의 기초를 입문으로 정리하여 보여 줍니다. 죄로 죽을 수밖에 없는 우리를 죄 가운데서 건져내신 예수 그리스도, 인류의 영원하신 구세주, 그분의 이름을 이 장을 통해서 알 수 있게 될 것입니다.

또한 이 장은 아홉 가지의 영리로 이루어져 있습니다. 먼저는 하나님께서 천지를 창조하시고 인간을 축복하셨다는 것과 인간의 타락으로 인한 원죄와 하나님의 심판 선언, 그리고 죄에 따른 인간의 죄의 유전과 율법에 의한 죄, 인간의 죄악에 따른 심판과 영원한 형벌, 그리고 인류의 구세주이신 예수 그리스도, 예수 그리스도를 믿음으로써 얻게 되는 죄 사함과 영생의 축복, 예수님을 섬기는 삶으로의 변화, 예배드리는 생활과 그리스도 안에서의 교제, 예수 그리스도를 구주로 영접한 믿음을 가진 이후의 결과로 얻어지게 되는 이 땅에서의 삶과 죽은 이후의 부활, 그리고 예수님 오실 때까지의 기다림의 생활을 알게 합니다.

기도하는 이들에게도 매일매일 주님이 어떤 분이신지를 되새기며, 우리가 가 있게 될 천국과 지옥에 대해서 이 장을 공부하며 조금씩 알 수 있게 되기를 바랍니다. 그것이 바로 이 장을 공부하며 얻게 되는 즐거움일 것입니다.

1. 어떻게 창조하시고 축복하셨을까요?

(하나님 보시기에 좋았습니다.)

　하나님이 이 세상을 어떻게 창조하시고, 또 창조하신 이유는 무엇일까요? 하나님이 온 세상을 창조하시고 난 후, 인간의 창조와 하나님께서 축복하신 내용을 이 장에서 공부하게 됩니다. 하나님이 인간을 창조하신 내용과 그 과정을 살펴보면 우리의 세상이 다시 한 번 아름답게 느껴지게 될 것입니다. (창1:1-2:3)

1) 하나님께서 천지를 창조하시고, 안식하셨습니다.

(1) 태초에 하나님께서 천지를 창조하셨습니다. (창1:1, 요1:1-3)

(2) 하나님께서 말씀으로 빛과 어둠, 하늘과 바다, 그리고 땅과 각종 채소들, 식물과 동물, 그리고 마지막으로 사람을 창조하시고 참 좋아하셨습니다. (창1:2-25)

(3) 하나님께서 그 하시던 일을 일곱째 날에 마치시고 안식하셨으며, 이날을 거룩하게 하셨습니다. (창2:2-3, 출31:12-17)

2) 하나님의 창조사역은 날자 별로 이루어졌습니다.

(1) 첫째 날, 빛과 어둠을 나누시고 빛을 낮이라 부르시며, 어둠을 밤이라 부르셨습니다. (창1:4-5)

(2) 둘째 날, 궁창을 만드시고 궁창 아래의 물과 궁창 위의 물을 나누시면서 궁창을 하늘이라 부르셨습니다. (창1:6-8)

(3) 셋째 날, 뭍을 땅이라 물을 바다라 부르셨습니다. 풀과 채

소와 씨를 가진 열매 맺는 나무를 내게 하셨습니다.
(창1:10-13)

(4) 넷째 날, 낮과 밤을 나누게 하시고 징조와 계절과 날과 해와 별들을 만드셨습니다. (창1:14-18)

(5) 다섯째 날, 바다 짐승과 물에서 움직이는 모든 생물의 종류, 새들을 창조하셨습니다. (창1:20-13)

(6) 여섯째 날, 땅의 생물, 가축과 기는 것, 땅의 짐승들을 만드신 후 마지막으로 사람을 창조하셨습니다.(창1:24-31)

(7) 하나님께서 궁창을 만드신 둘째날 외에는 '하나님 보시기 좋았더라.'고 성경은 기록합니다. 특히 여섯째 날은 그 지으신 창조물들을 보시고 매우 좋아하셨습니다. (창1:1-31)

3) 하나님의 형상대로 여섯째 날에 인간을 창조하셨습니다.

(1) 모든 우주와 땅을 창조하시던 여섯째 날에 하나님께서 그분의 형상대로 남자와 여자를 창조하시고, 복을 주셨습니다. 특히 사람을 창조한 여섯째 날은 다른 날보다 매우 기뻐하셨습니다. (창1:27-28,31)

(2) 하나님께서 땅의 흙으로 사람을 지으시고 생기를 그 코에 불어넣으심으로 사람이 생령이 되었습니다. (창2:7)

(3) 하나님께서 아담을 깊이 잠들게 하신 후 그 갈빗대 하나를 취하고, 그 갈빗대로 여자를 만드셨습니다. 아담과 그의 아내 두 사람이 벌거벗었으나 부끄러워하지 아니하였습니다.
(창2:20-25)

(4) 이 두 사람이 '아담(Adam)'과 '하와(Eve)'입니다.
(창1:27, 2:18-25, 3:20)

4) 하나님께서 인간을 축복하셨습니다.

(1) 하나님께서 사람에게 말씀하시길 "생육하고 번성하여 땅에 충만하여라. 모든 생물을 다스려라" 하고 말씀하셨습니다. (창1:28)

(2) 하나님께서 동방의 에덴에 동산을 창설하시고 사람으로 동산을 맡아서 경작하며 지키게 하셨습니다. (창2:8,15)

(3) 하나님께서 그 땅에서 보기에 아름답고 먹기에 좋은 나무가 나게 하시므로 에덴 동산 가운데에는 생명 나무와 선악을 알게 하는 나무도 함께 있었습니다. (창2:8-9)

5) 하나님께서 인간에게 선악과를 먹지 말 것을 명령하셨습니다.

(1) 하나님께서 에덴 동산에 사람을 살게 하시면서 (창2:15)

(2) 한 가지 명령을 하셨는데, (창2:16)

(3) 그 명령은 에덴 동산에서 동산 각종 나무의 실과는 임의로 먹되, '선악을 알게 하는 나무의 실과는 먹지 말라', 그것을 먹는 날에는 '정녕 죽으리라'는 것이었습니다. (창2:16-17)

2. 인간의 원죄와 하나님의 심판 선언

(인간의 원죄는 하나님의 명령을 어긴 것이었습니다.)

인간의 죄를 이해하는 것은 인간이 구원을 받을 수밖에 없는 존재임을 이해하는데 필수적입니다. 이 장에서는 인간이 어떻게 죄를 지었으며, 죄를 지은 이후 어떤 결과를 가져왔는지를 살펴봅니다. 인간이 죄의 유혹에 아주 나약한 존재라는 사실을 하나님의 말씀인 성경을 통해서 깨닫게 될 것입니다. (창2:8-3:26)

1) 인간이 뱀의 유혹에 빠져 하나님의 명령에 불순종하였습니다. (고후11:3)

(1) 하나님의 지으신 들짐승 중에 뱀이 가장 간교하였습니다.
(창3:1)

(2) 뱀이 여자에게 "하나님이 정말로 너희에게 동산 안에 있는 모든 나무의 열매를 먹지 말라고 하셨느냐?"고 여자에게 물었을 때, 여자는 "먹지도 말고, 만지지도 말라. 너희가 죽을까 하노라"고 하셨다고 대답했습니다. (창3:2-3)

(3) 뱀이 다시 여자에게 "선악과를 먹어도 죽지 않는다. 너희가 그것을 먹는 날에는 하나님과 같이 되어 선악을 알게 될 줄을 하나님이 아시기 때문이다."고 유혹하였을 때, 여자는 '먹음직도 하고, 보암직도 하고, 지혜롭게 할 만큼' 탐스런 나무의 열매를 따먹고, 남편에게도 주어 함께 먹었습니다.
(창3:4-6)

(4) 선악과를 먹은 후 두 사람의 눈이 밝아져서 자기들이 벗은 몸인 것을 알고 무화과나무 잎으로 치마를 엮어서 몸을 가렸습니다. (창3:6-7)

2) 인간은 하나님의 명령에 불순종한 것을 서로에게 핑계를 대었습니다.

(1) 동산을 거니시는 여호와(야훼) 하나님의 음성이 들릴 때에 아담과 그 아내가 하나님의 낯을 피하여 동산 나무 사이에 숨었습니다. (창3:8)

(2) 그때 하나님께서 "아담아, 네가 어디 있느냐?"고 부르시며 말씀하셨습니다. 이 때 아담은 "내가 동산에서 하나님 소리를 듣고, 내가 벗었으므로 두려워하여 숨었습니다." 하고 대답했습니다. (창3:9-10)

(3) 하나님께서는 아담에게 "누가 벗은 몸을 알려 주었느냐? 네게 먹지 말라고 한 나무의 열매를 먹었느냐?"하고 물었습니다. 그러자 아담은 여자가 주어서 먹었고, 여자는 "뱀이 나를 꾀므로 먹었나이다."하고 서로 핑계를 대었습니다. 이것이 인간이 하나님의 명령을 어기고 인간이 지은 원죄의 전말입니다. (창3:11-13)

3) 하나님께서 인간과 뱀에 대하여 심판을 선언하셨습니다.

(1) 하나님께서 뱀에게 이르셨습니다. "뱀은 평생토록 기어 다니고, 흙을 먹어야 하며, 여자와 원수가 되게 하고, 뱀의 후손과 여자의 후손이 원수가 될 뿐만 아니라, 여자의 후손은 뱀의 머리를 상하게 할 것이며, 뱀은 여자의 후손의 발꿈치를 상하게 할 것이라."고 하셨습니다. (창3:14-15)

(2) 여자에게는 "잉태하는 고통을 크게 더하고, 수고하고 자식
을 나을 것이며, 여자는 남편을 사모하고, 남편은 여자를 다
스릴 것이라."고 말씀하셨습니다. (창3:16)

(3) 아담에게는 "땅이 아담 때문에 저주를 받고, 죽는 날까지 수
고를 하여야만 땅에서 나는 것을 먹을 수 있으며, 땅이 가시
덤불과 엉겅퀴를 낼 것이며, 아담의 먹을 것이 밭의 채소인
즉, 흙으로 돌아갈 때까지 얼굴에서 땀을 흘려야 식물을 먹
을 수 있고, 흙에서 만들어졌으므로 흙으로 돌아갈 것"이라
고 하셨습니다. 이 때 아담은 자기 아내의 이름은 하와(생명,
생명이 있는 모든 것의 어머니)라고 하였습니다.
(창3:17-20)

(4) 하나님께서 아담과 그의 아내 하와를 위하여 가죽옷을 지어
입히셨습니다. (창3:21)

(5) 하나님께서 에덴 동산에서 아담을 보내어 그 근원이 된 땅을
갈게 하셨습니다. (창3:23)

(6) 하나님께서 에덴 동산에서 인간을 쫓아내신 후 다시는 인간
이 에덴 동산으로 들어갈 수 없게 하셨습니다. (창3:24)

3. 인간의 죄의 유전과 율법에 의한 죄
(죄로 모두가 사망에 이르게 되었습니다)

죄의 기준은 무엇일까요? 지금 태어난 내게 죄가 있다면 그 이유는 무엇일까요? 또한 지금 내가 죄를 짓고 있다는 이야기를 한다면 그 죄의 개념은 무엇일까요? 우리가 지금까지 추상적으로 이해하였던 죄의 개념을 좀 더 세밀히 살펴보게 됩니다. 우리 인간은 죄인일 수밖에 없다는 사실을 발견하게 될 것입니다.

1) 아담의 죄로 죄가 유전이 되었습니다.

(1) 아담의 불순종으로 죄가 세상에 들어오고, 이 죄로 말미암아 사망이 세상에 왔습니다. 아담의 죄로 모든 사람이 죄를 짓게 되었으므로, 모든 사람이 사망에 이르게 되었습니다. (롬5:12)

● 그러므로 한 사람으로 말미암아 죄가 세상에 들어오고, 죄로 말미암아 사망이 들어왔나니, 이와 같이 모든 사람이 죄를 지었으므로 사망이 모든 사람에게 이르렀느니라. (롬5:12)

(2) 죄가 율법이 있기 전에도 세상에 있었으나, 율법이 없을 때에는 죄를 죄로 여기지 아니하였습니다. (롬5:13)

(3) 아담 때부터 모세 시대까지는 사망이 왕노릇(죽음이 지배)하여, 아담의 범죄와 같은 죄를 짓지 않은 사람들까지도 죽음의 지배를 벗어나지 못하게 되었습니다. (롬5:14,17)

● 그러나 아담으로부터 모세까지 아담의 범죄와 같은 죄를 짓지 아니한 자들까지도 사망이 왕노릇 하였나니 (롬5:14)

2) 모세가 율법을 받은 후에는 율법에 의하여 죄를 짓게 되었습니다.

(1) 그러나 모세가 하나님께로부터 율법을 받은 후에는 모든 사람이 율법에 의하여 죄를 짓게 되었습니다.
(롬3:20,23, 5:13, 7:9)

● 모든 사람이 죄를 범하였으매, 하나님의 영광에 이르지 못하더니 (롬3:23)

● 전에 율법을 깨닫지 못했을 때에는 내가 살았더니 계명이 이르매 죄는 살아나고 나는 죽었도다. (롬7:9)

(2) 모세의 율법에 대하여 성경은 '율법으로 말미암는 의를 행하는 사람은 그 의로 살리라'고 하였지만, (레18:4-5, 롬10:5)

● 너희는 내 법도를 따르며 내 규례를 지켜 그대로 행하라 나는 너희의 하나님 여호와이니라. 너희는 내 규례와 법도를 지키라 사람이 이를 행하면 그로 말미암아 살리라 나는 여호와이니라.
(레18:4-5)

● 모세가 기록하되 율법으로 말미암는 의를 행하는 사람은 그 의로 살리라 하였거니와 (롬10:5)

(3) 율법의 행위로는 그분 앞에 의롭다함을 얻을 육체가 없게 되었습니다. (롬3:20/ 비교, 롬2:12-15,29, 3:9-12, 4:15)

● 율법 없는 이방인이 본성으로 율법의 일을 행할 때에는 이 사람은 율법이 없어도 자기가 자기에게 율법이 되나니 이런 이들은 그 양심이 증거가 되어 그 생각들이 서로 혹은 고발하며 혹은 변명하며 그 마음에 새긴 율법의 행위를 나타내느니라. (롬2:14-15)

● 기록된 바 의인은 없나니 하나도 없으며, 깨닫는 자도 없고 하나님을 찾는 자도 없고, 다 치우쳐 함께 무익하게 되고 선을 행하는 자는 없나니 하나도 없도다. (롬3:10-12)

● 율법은 진노를 이루게 하나니, 율법이 없는 곳에는 범법도 없느니라. (롬4:15)

3) 죄는 하나님을 섬기지 않고 육체의 욕망을 따라 사는 것입니다.

(1) 이러한 죄는 하나님을 섬기지 않고, 자기 욕망대로 사는 것입니다. (롬1:21)

● 하나님을 알되 하나님을 영화롭게도 아니하며 감사하지도 아니하고 오히려 그 생각이 허망하여지며 미련한 마음이 어두워졌나니 스스로 지혜 있다 하나 어리석게 되어 썩어지지 아니하는 하나님의 영광을 썩어질 사람과 새와 짐승과 기어다니는 동물 모양의 우상으로 바꾸었느니라. (롬1:21-23)

(2) 또한 죄는 믿음으로 좇아 하지 아니하는 모든 것, 선을 행할 줄 알고도 행치 않는 것, 불법을 행하는 것, 모든 불의한 것 등, 이 모든 것을 일컫습니다.
(롬14:23, 약4:17, 요일3:4, 5:17)

● 의심하고 먹는 자는 정죄되었나니 이는 믿음을 따라 하지 아니하였기 때문이라 믿음을 따라 하지 아니하는 것은 다 죄니라.
(롬14:23)
● 그러므로 사람이 선을 행할 줄 알고도 행하지 아니하면 죄니라.
(약4:17)
● 죄를 짓는 자마다 불법을 행하나니 죄는 불법이라. (요일3:4)
● 모든 불의가 죄로되 사망에 이르지 아니하는 죄도 있도다.
(요일5:17)

4) 하나님께서는 죄 가운데서 육체의 욕망을 따라 사는 사람을 더러움에 버려두셨습니다.

(1) 하나님께서 그들을 마음의 정욕대로 더러움에 내버려 두셔서 그들의 몸을 서로 욕되게 하셨습니다. (롬1:24-25)

● 그러므로 하나님께서 그들을 마음의 정욕대로 더러움에 내버려

두사 그들의 몸을 서로 욕되게 하셨으니, 이는 그들이 하나님의 진리를 거짓 것으로 바꾸어 피조물을 조물주보다 더 경배하고 섬김이라 주는 곧 영원히 찬송할 이시로다 아멘. (롬1:24-25)

(2) 하나님께서 그들을 부끄러운 욕심에 내버려 두셔서 순리가 아닌 역리로 쓰게 하셨습니다. (롬1:26-27)

● 이 때문에 하나님께서 그들을 부끄러운 욕심에 내버려 두셨으니 곧 그들의 여자들도 순리대로 쓸 것을 바꾸어 역리로 쓰며, 그와 같이 남자들도 순리대로 여자 쓰기를 버리고 서로 향하여 음욕이 불 일듯 하매 남자가 남자와 더불어 부끄러운 일을 행하여 그들의 그릇됨에 상당한 보응을 그들 자신이 받았느니라. (롬1:26-27)

(3) 마음에 하나님 두기를 싫어하는 사람은 하나님께서 그들을 그 상실한 마음대로 내버려 두셔서 합당치 못한 일을 하게 하셨습니다. (롬1:28-32)

● 또한 그들이 마음에 하나님 두기를 싫어하매 하나님께서 그들을 그 상실한 마음대로 내버려 두사 합당하지 못한 일을 하게 하셨으니, 곧 모든 불의, 추악, 탐욕, 악의가 가득한 자요, 시기, 살인, 분쟁, 사기, 악독이 가득한 자요, 수군수군하는 자요, 비방하는 자요, 하나님께서 미워하시는 자요, 능욕하는 자요, 교만한 자요, 자랑하는 자요, 악을 도모하는 자요, 부모를 거역하는 자요, 우매한 자요, 배약하는 자요, 무정한 자요, 무자비한 자라, 그들이 이 같은 일을 행하는 자는 사형에 해당한다고 하나님께서 정하심을 알고도 자기들만 행할 뿐 아니라 또한 그런 일을 행하는 자를 옳다 하느니라. (롬1:28-32)

4. 죄악의 심판과 형벌

(사망 후에는 심판과 형벌이 따릅니다.)

죄 때문에 얻게 되는 결과는 무엇일까요? 죄 때문에 심판을 받
는다고 하는데 심판을 받는다는 의미는 무엇일까요? 우리가 궁금
해 하였던 최후의 심판과 영원한 형벌은 무엇일까요? 죄의 결과로
심판과 영영한 형벌이 있다는 사실을 이 장에서 알게 됩니다. 형벌
이 있다면 형벌에서 벗어날 방법 또한 찾게 될 것입니다.

1) 죄의 삯은 사망으로 아무도 피할 수 없는 심판을 받게 됩니다.

(1) 사람은 누구나 죄 때문에 반드시 죽게 되어 있으며, 육신이
    죽은 후에는 심판을 받게 됩니다. (히9:27)

　　● 한번 죽는 것은 사람에게 정해진 것이요, 그 후에는 심판이 있
　　으리니 (히9:27)

(2) 성경은 '죄의 삯은 사망이라'고 했습니다.
    (롬6:23/ 비교, 롬5:12, 약1:14-15)

　　● 죄의 삯은 사망이요 (롬6:23)

　　● 그러므로 한 사람으로 말미암아 죄가 세상에 들어오고, 죄로 말
　　미암아 사망이 들어왔나니, 이와 같이 모든 사람이 죄를 지었으므
　　로 사망이 모든 사람에게 이르렀느니라. (롬5:12)

　　● 오직 각 사람이 시험을 받는 것은 자기 욕심에 끌려 미혹됨이니
　　욕심이 잉태한즉 죄를 낳고 죄가 장성한즉 사망을 낳느니라.
　　(약1:14-15)

(3) 또한 성경은 '그 날은 어두움이요 빛이 아니라'고 했습니다.
(암5:18)

　● 화있을진저 여호와의 날을 사모하는 자여, 너희가 어찌하여 여
호와의 날을 사모하느냐. 그 날은 어둠이요, 빛이 아니라 (암5:18)

2) 죄의 심판에는 반드시 형벌이 따릅니다.

(1) 하나님께 범죄한 사람들은 불과 유황으로 타는 둘째 사망에
참여하게 됩니다. (계21:8)

　● 그러나 두려워하는 자들과 믿지 아니하는 자들과 흉악한 자들과
살인자들과 음행하는 자들과 점술가들과 우상 숭배자들과 거짓말
하는 모든 자들은 불과 유황으로 타는 못에 던져지리니 이것이 둘
째 사망이라. (계21:8)

(2) 악인들을 분리하여 풀무 불에 던져 넣을 것입니다. 이 불은
영원히 꺼지지 않습니다. (마13:40-42,49-50)

　● 인자가 그 천사들을 보내리니 그들이 그 나라에서 모든 넘어지
게 하는 것과 또 불법을 행하는 자들을 거두어 내어 풀무 불에 던져
넣으리니 거기서 울며 이를 갈게 되리라. (마13:41-42)

　● 세상 끝에도 이러하리라 천사들이 와서 의인 중에서 악인을 갈
라 내어 풀무 불에 던져 넣으리니 거기서 울며 이를 갈리라.
(마13:49-50)

(3) 거기는 구더기도 죽지 않고 불도 꺼지지 않을 뿐만 아니라,
사람마다 불로써 소금 치듯 함을 받게 될 것입니다.
(막9:48-49)

　● 거기에서는 구더기도 죽지 않고 불도 꺼지지 아니하느니라. 사람
마다 불로써 소금 치듯 함을 받으리라. (막9:48-49)

5. 인류의 구세주 예수 그리스도

(예수님은 우리의 구주, 우리의 영원한 소망입니다.)

우리는 누군가에게서 예수 그리스도에 대한 이야기를 들었고, 또 그분을 만났다는 이야기를 많이 듣습니다. 예수 그리스도! 그분은 누구일까요? 예수님이 어떤 분이신지 살펴봅니다. 우리가 믿는 예수님이 우리의 구세주시라면, 그분은 우리에게 어떤 의미가 있을까요? 이 장에서 알아봅니다.

1) 죄를 지은 사람은 누구든지 자기 자신의 힘으로 구원을 받지 못합니다. 따라서 우리의 죄를 해결하시기 위하여 예수 그리스도께서 이 세상에 오셨습니다.

(1) 이렇게 죄를 지은 사람은 누구나 자신의 공로와 행위(수양, 지식, 선행 등)로는 결코 구원을 얻지 못하고, 오직 하나님의 은혜로만 구원을 받을 수 있습니다. (롬6:23, 엡2:8)

● 죄의 삯은 사망이요 하나님의 은사는 그리스도 예수 우리 주 안에 있는 영생이니라. (롬6:23)

● 너희는 그 은혜에 의하여 믿음으로 말미암아 구원을 받았으니 이것은 너희에게서 난 것이 아니요 하나님의 선물이라. (엡2:8)

(2) 하나님께서는 우리가 자랑을 하지 못하도록 하나님의 선물로 믿음을 허락하셨습니다. 예수 그리스도를 믿는 이 믿음이 우리를 죄에서 구원을 얻게 합니다. 그분의 은혜를 믿음으로 받아들이면 우리가 구원을 얻고 영생의 길에 들어갈 수 있게 됩니다. (엡2:8-9, 딤후3:15, 벧전1:8-9)

● 너희는 그 은혜에 의하여 믿음으로 말미암아 구원을 받았으니 이것은 너희에게서 난 것이 아니요 하나님의 선물이라. 행위에서 난 것이 아니니 이는 누구든지 자랑하지 못하게 함이라. (엡2:8-9)

● 또 어려서부터 성경을 알았나니 성경은 능히 너로 하여금 그리스도 예수 안에 있는 믿음으로 말미암아 구원에 이르는 지혜가 있게 하느니라. (딤후3:15)

● 예수를 너희가 보지 못하였으나 사랑하는도다 이제도 보지 못하나 믿고 말할 수 없는 영광스러운 즐거움으로 기뻐하니 믿음의 결국 곧 영혼의 구원을 받음이라. (벧전1:8-9)

(3) 하나님께서 하나님의 외아들, 독생자 예수 그리스도를 이 땅에 보내신 것은 인생을 극진히 사랑하셨기 때문입니다. (요3:16, 행13:23, 히9:28)

● 하나님이 세상을 이처럼 사랑하사 독생자를 주셨으니 이는 그를 믿는 자마다 멸망하지 않고 영생을 얻게 하려 하심이라 (요3:16)

● 하나님이 약속하신대로 이 사람의 후손에서 이스라엘을 위하여 구주를 세우셨으니 곧 예수라. (행13:23)

● 이와 같이 그리스도도 많은 사람의 죄를 담당하시려고 단번에 드리신 바 되셨고 구원에 이르게 하기 위하여 죄와 상관 없이 자기를 바라는 자들에게 두 번째 나타나시리라. (히9:28)

2) 하나님께서 예수 그리스도를 보내심으로 구원과 영생의 길을 열어놓으셨습니다.

(1) 하나님께서 그분의 외아들을 세상에 보내신 것은 이 세상을 심판하려 하심이 아니라, 이 세상을 구원하시기 위함이셨습니다. 우리를 죄에서 구해 내실 분이 바로 예수님이십니다. (마1:21, 요3:17, 딤전1:15)

● 아들을 낳으리니 이름을 예수라 하라. 이는 그가 자기 백성을 그들의 죄에서 구원할 자이심이라 하니라. (마1:21)

● 하나님이 그 아들을 세상에 보내신 것은 세상을 심판하려 하심이 아니요 그로 말미암아 세상이 구원을 받게 하려 하심이라. (요3:17)

● 미쁘다 모든 사람이 받을 만한 이 말이여 그리스도 예수께서 죄인을 구원하시려고 세상에 임하셨다 하였도다. (딤전1:15)

(2) 예수님께서 진리와 생명의 구주가 되셔서, 천국 가는 길, 영생의 길이 오직 그분 한 분뿐임을 우리에게 가르쳐 주셨습니다. (요10:9, 14:6, 행4:12)

● 내가 문이니 누구든지 나로 말미암아 들어가면 구원을 받고 또는 들어가며 나오며 꼴을 얻으리라. (요10:9)

● 예수님께서 이르시되 내가 곧 길이요 진리요 생명이니 나로 말미암지 않고는 아버지께로 올 자가 없느니라. (요14:6)

● 다른 이로써는 구원을 받을 수 없나니 천하 사람 중에 구원을 받을 만한 다른 이름을 우리에게 주신 일이 없음이라 하였더라. (행4:12)

3) 예수님께서 하나님과 사람 사이에 중보자가 되셨습니다.

(1) 예수님께서는 하나님과 사람 사이의 중보자로서 우리 죄를 대신하여 십자가에서 고난을 받으셨다가, 돌아가신 지 사흘 만에 다시 부활하심으로 영생을 확증시켜 주셨습니다. (고전15:3-6, 딤전2:5, 벧전3:18)

● 내가 받은 것을 먼저 너희에게 전하였노니 이는 성경대로 그리스도께서 우리 죄를 위하여 죽으시고 장사 지낸 바 되셨다가 성경대로 사흘 만에 다시 살아나사 게바(베드로)에게 보이시고, 후에 열두 제자에게와 그 후에 오백여 형제에게 일시에 보이셨나니 그 중에 지금까지 대다수는 살아 있고 어떤 사람은 잠들었으며 (고전15:3-6)

● 하나님은 한 분이시요, 또 하나님과 사람 사이에 중보자도 한 분이시니, 곧 사람이신 그리스도 예수라. (딤전2:5)

● 그리스도께서도 단번에 죄를 위하여 죽으사 의인으로서 불의한 자를 대신하셨으니 이는 우리를 하나님 앞으로 인도하려 하심이라 육체로는 죽임을 당하시고 영으로는 살리심을 받으셨으니 (벧전3:18)

(2) 예수님께서 십자가에서 피 흘리심은 우리의 죄를 대신 짊어지시고 우리의 죄를 대속하기 위함이었습니다. 예수님께서 어린 양, 속죄의 제물로 그분의 몸을 친히 드리심으로 우리가 나음을 입게 되었습니다. (사53:5, 벧전2:24-25)

● 그가 찔림은 우리의 허물 때문이요, 그가 상함은 우리의 죄악 때문이라. 그가 징계를 받음으로 우리는 평화를 누리고, 그가 채찍에 맞음으로 우리는 나음을 받았도다. (사53:5)

● 친히 나무에 달려 그 몸으로 우리 죄를 담당하셨으니 이는 우리로 죄에 대하여 죽고 의에 대하여 살게 하려 하심이라. 그가 채찍에 맞음으로 너희는 나음을 얻었나니 너희가 전에는 양과 같이 길을 잃었더니 이제는 너희 영혼의 목자와 감독되신 이에게 돌아왔느니라. (벧전2:24-25)

(3) 예수 그리스도를 믿고, 독생자(獨生子) 예수 그리스도를 보내신 하나님을 믿는다면, 영생을 얻게 되고, 심판에서 벗어나 사망에서 생명으로 옮겨지게 될 것입니다. (마16:16, 요1:12-14, 5:24-25)

● 주는 그리스도시요 살아계신 하나님의 아들이시니이다. (마16:16)
● 영접하는 자 곧 그 이름을 믿는 자들에게는 하나님의 자녀가 되는 권세를 주셨으니 (요1:12)
● 말씀이 육신이 되어 우리 가운데 거하시매 우리가 그의 영광을 보니 아버지의 독생자의 영광이요 은혜와 진리가 충만하더라. (요1:14)
● 내가 진실로 진실로 너희에게 이르노니 내 말을 듣고 또 나 보내신 이를 믿는 자는 영생을 얻었고, 심판에 이르지 아니하나니, 사망에서 생명으로 옮겼느니라. 진실로 진실로 너희에게 이르노니 죽은 자들이 하나님의 아들의 음성을 들을 때가 오나니 곧 이때라. 듣는

자는 살아나리라. (요5:24-25)

4) 예수님을 믿는 사람들에게는 예수님뿐만 아니라, 예수님의 이름으로 오시는 성령님께서 함께 하십니다.

(1) 예수님께서는 우리와 함께 하시고 우리에게 보혜사(保惠師) 성령님을 보내시고, 우리를 도와 주십니다.
(마28:20, 요16:13, 20:22-23, 롬8:12-17,26)

● 볼지어다 내가 세상 끝날까지 너희와 항상 함께 있으리라. (마28:20)

● 진리의 성령이 오시면 그가 너희를 모든 진리 가운데로 인도하시리니, 그가 스스로 말하지 않고, 오직 들은 것을 말하며, 장래 일을 너희에게 알리시리라. (요16:13)

● 이 말씀을 하시고 그들을 향하사 숨을 내쉬며 이르시되 성령을 받으라 너희가 누구의 죄든지 사하면 사하여질 것이요, 누구의 죄든지 그대로 두면 그대로 있으리라 하시니라. (요20:22-23)

● 그러므로 형제들아 우리가 빚진 자로되 육신에 져서 육신대로 살 것이 아니니라. 너희가 육신대로 살면 반드시 죽을 것이로되, 영으로써 몸의 행실을 죽이면 살리니 무릇 하나님의 영으로 인도함을 받는 사람은 곧 하나님의 아들이라. 너희는 다시 무서워하는 종의 영을 받지 아니하고, 양자의 영을 받았으므로 우리가 아빠, 아버지라고 부르짖느니라. 성령이 친히 우리 영과 더불어 우리가 하나님의 자녀인 것을 증언하시나니, 자녀이면 또한 상속자 곧 하나님의 상속자요, 그리스도와 함께 한 상속자니 우리가 그와 함께 영광을 받기 위하여 고난도 함께 받아야 할 것이니라. (롬8:12-17)

(2) 보혜사 성령님의 감동이 없이는 예수 그리스도를 내 생명의 구주로 시인할 수 없습니다. (고전12:3)

● 그러므로 내가 너희에게 알리노니 하나님의 영으로 말하는 자는 누구든지 예수를 저주할 자라 하지 아니하고 또 성령으로 아니하고는 누구든지 예수를 주시라 할 수 없느니라. (고전12:3)

(3) 예수님의 이름으로 세례를 받고 죄 사함을 받아야만 합니다.
우리가 예수 그리스도의 이름으로 세례를 받고 죄 사함을 받
게 되면, 예수님의 이름으로 오시는 성령님께서 우리에게 오
셔서 우리 안에 거하시며, 우리에게 예수님에 대하여 증거하
여 주실 것입니다.
(요15:26-27, 행2:38-39, 갈5:18, 요일5:13, 계3:20)

● 내가 아버지께로부터 너희에게 보낼 보혜사(保惠師) 곧 아버
지께로부터 나오시는 진리의 성령이 오실 때에 그가 나를 증언하
실 것이요 너희도 처음부터 나와 함께 있었으므로 증언하느니라.
(요15:26-27)

● 너희가 회개하여 각각 예수 그리스도의 이름으로 세례를 받고
죄 사함을 받으라 그리하면 성령을 선물로 받으리니, 이 약속은 너
희와 너희 자녀와 모든 먼 데 사람 곧 주 우리 하나님이 얼마든지
부르시는 자들에게 하신 것이라. (행2:38-39)

● 너희가 만일 성령의 인도하시는 바가 되면 율법 아래에 있지 아
니하리라. (갈5:18)

6. 죄 사함과 영생의 축복

(예수 그리스도는 죄 사함과 축복의 길입니다.)

───────────── ✦ ─────────────

　죄 사함을 얻는 비결이 있다면 그 보다 더 큰 축복이 있을까요? 우리는 죄인일 수밖에 없고, 우리를 위하여 예수그리스도께서 오셨음을 이미 확인하였습니다. 예수 그리스도를 믿음으로 얻게 되는 축복이 죄 사함과 영생이라면, 이렇게 쉬운 길을 마다할 수 있을까요. 그 이유를 함께 알아봅니다.

───────────────────────────────

1) 속죄(죄 사함)의 방법은 회개하고 예수님을 구주로 모셔들이는 것입니다.

(1) 우리는 회개하고 예수님을 믿어야 합니다.

　영생의 길이며 구원의 길이신 예수 그리스도를 우리 주님으로 모셔 들이기 위해서는 과거의 죄를 회개하고, 예수님을 주님으로 시인하며, 예수님이 구세주이심을 믿고 고백해야 합니다. (행2:38, 4:12, 13:23, 16:31, 롬10:9-10,13)

● 너희가 회개하여 각각 예수 그리스도의 이름으로 세례를 받고 죄 사함을 받으라 그리하면 성령의 선물을 받으리니 (행2:38)

● 다른 이로써는 구원을 받을 수 없나니 천하 사람 중에 구원을 받을 만한 다른 이름을 우리에게 주신 일이 없음이라 하였더라. (행4:12)

● 주 예수를 믿으라. 그리하면 너와 네 집이 구원을 받으리라. (행16:31)

● 네가 만일 네 입으로 예수를 주로 시인하며, 또 하나님께서 그를 죽은 자 가운데서 살리신 것을 네 마음에 믿으면 구원을 받으리라.

사람이 마음으로 믿어 의에 이르고, 입으로 시인하여 구원에 이르느니라. (롬10:9-10)

● 누구든지 주의 이름을 부르는 자는 구원을 받으리라. (롬10:13)

(2) 우리는 과거의 잘못을 뉘우치고 회개하여야만 합니다. 과거의 잘못을 하나님께 온전히 자백하면 하나님께서 우리의 죄를 사하여 주실 것입니다. (행3:19-21, 요일1:9)

● 그러므로 너희가 회개하고 돌이켜 너희 죄 없이 함을 받으라 이같이 하면 새롭게 되는 날이 주 앞으로부터 이를 것이요 또 주께서 너희를 위하여 예정하신 그리스도 곧 예수를 보내시리니 하나님이 영원 전부터 거룩한 선지자들의 입을 통하여 말씀하신 바 만물을 회복하실 때까지는 하늘이 마땅히 그를 받아 두리라 (행3:19-21)

● 만일 우리가 우리 죄를 자백하면 그는 미쁘시고 의로우사 우리 죄를 사하시며 우리를 모든 불의에서 깨끗하게 하실 것이요 (요일1:9)

(3) 우리는 예수님께로 나아가 그분의 말씀을 지키며 순종하여야 합니다. 우리가 예수님께 나아가면 우리를 눈과 같이 깨끗하게 하실 것이며, 우리가 그분의 말씀을 지키고 믿으면 구원을 받게 하실 것입니다. (사1:18, 고전15:2)

● 여호와께서 말씀하시되 오라 우리가 서로 변론하자 너희의 죄가 주홍 같을지라도 눈과 같이 희어질 것이요, 진홍 같이 붉을지라도 양털같이 희게 되리라. (사1:18)

● 너희가 만일 내가 전한 그 말을 굳게 지키고 헛되이 믿지 아니하였으면, 그로 말미암아 구원을 받으리라. (고전15:2)

2) 예수님을 믿으면 죄 사함의 축복을 얻게 됩니다.

(1) 우리는 바로 지금 이 순간 예수 그리스도를 믿음으로 구속 곧 죄 사함을 얻게 되었습니다. (골1:14)

- 그 아들 안에서 우리가 속량 곧 죄 사함을 얻었도다. (골1:14)

(2) 예수 그리스도를 믿는다는 것은 예수 그리스도를 주님으로 영접한다는 것이요, 하나님께서 보내신 예수 그리스도를 믿는다는 것은 예수 그리스도를 나의 주 나의 하나님으로 받아들인다는 것을 말합니다. 하나님을 영접하는 자, 곧 그 이름을 믿는 자들에게는 하나님의 자녀가 되는 권세를 주십니다. (요1:12-13)

- 영접하는 자 곧 그 이름을 믿는 자들에게는 하나님의 자녀가 되는 권세를 주셨으니 이는 혈통으로나 육정으로나 사람의 뜻으로 나지 아니하고 오직 하나님께로부터 난 자들이니라. (요1:12-13)

(3) 이러한 은총은 구원을 이루게 하신 하나님께서 우리에게 믿음을 주심으로 이루어진 것입니다. 즉 이것은 우리 힘으로 된 것이 아니라 오직 하나님의 은혜로써 하나님의 선물로 주어진 것입니다. (엡2:8-9)

- 너희는 그 은혜에 의하여 믿음으로 말미암아 구원을 받았으니 이것은 너희에게서 난 것이 아니요 하나님의 선물이라. 행위에서 난 것이 아니니 이는 누구든지 자랑하지 못하게 함이라. (엡2:8-9)

3) 예수님을 믿으면 영원한 생명의 축복을 얻게 됩니다.

(1) 예수님을 믿으면 영생을 얻게 됩니다. (요3:36, 6:47, 17:3)

- 아들을 믿는 자에게는 영생이 있고, 아들에게 순종하지 아니하는 자는 영생을 보지 못하고 도리어 하나님의 진노가 그 위에 머물러 있느니라. (요3:36)

(2) 세상의 종말의 날에 예수 그리스도께서 심판의 주님이 되시어 산 자와 죽은 자를 심판하러 오십니다. 하나님의 말씀을 듣고 예수 그리스도를 구주로 영접한 자는 영생을 얻은 사람

이 되어 심판에 이르지 않고, 생명을 얻게 됩니다.
(요5:24, 6:40,47, 11:25-26, 벧전4:5-6)

● 내가 진실로 진실로 너희에게 이르노니 내말을 듣고 또 나 보내신 이를 믿는 자는 영생을 얻었고 심판에 이르지 아니하나니 사망에서 생명으로 옮겼느니라. (요5:24)

● 예수께서 이르시되 나는 부활이요 생명이니 나를 믿는 자는 죽어도 살겠고, 무릇 살아서 나를 믿는 자는 영원히 죽지 아니하리니 이것을 네가 믿느냐? (요11:25-26)

(3) 이 때 믿음의 사람들은 항상 주님과 함께 있게 될 것입니다.
(살전4:16-17)

● 주께서 호령과 천사장의 소리와 하나님의 나팔 소리로 친히 하늘로부터 강림하시리니 그리스도 안에서 죽은 자들이 먼저 일어나고, 그 후에 우리 살아남은 자들도 그들과 함께 구름 속으로 끌어올려 공중에서 주를 영접하게 하시리니 그리하여 우리가 항상 주와 함께 있으리라. (살전4:16-17)

7. 예수님을 섬기는 삶으로의 변화
(그렇다면 우리는 어떻게 살아야 할까요?)

　　누군가 당신이 진 커다란 빚을 탕감해 주었다면, 빚을 탕감해 준 그분을 위해 여러분은 어떻게 하여야 할까요? 우리의 빚을 탕감해 주신 분이 바로 예수님이라면, 우리를 죽음에서 건지시고 구원의 길로 인도하신 분이 예수님이라면, 여러분은 어떤 모습으로 그분을 뵈어야 할까요? 예수님을 섬기는 삶으로의 변화를 기대해 봅니다.

1) 예수님을 믿는 성도들은 예수님의 온유와 겸손을 배우며 살아야 합니다. 예수님 안에서 평안을 누리게 될 것입니다.

(1) 예수님께서 "수고하고 무거운 짐진 자들아 다 내게로 오라. 내가 너희를 쉬게 하리라."하고 말씀하셨습니다. (마11:28)
　　● 수고하고 무거운 짐 진 자들아 다 내게로 오라 내가 너희를 쉬게 하리라. (마11:28)

(2) 우리가 예수님의 '온유'와 '겸손'으로 예수님을 따라가면 우리의 마음이 쉼을 얻게 될 것입니다. (마11:29-30)
　　● 나는 마음이 온유하고 겸손하니 나의 멍에를 메고 내게 배우라. 그리하면 너희 마음이 쉼을 얻으리니 이는 내 멍에는 쉽고 내 짐은 가벼움이라 하시니라. (마11:29-30)

2) 우리는 항상 깨어 기도하며 미래를 준비하며 경건함으로 이

세상을 살아가야 합니다.

(1) 주님께서 언제 우리에게 오실는지 우리가 알 수 없기 때문에 우리에게 항상 "깨어 있으라"고 말씀하십니다. (마24:42)

　● 그러므로 깨어 있으라 어느 날에 너희 주가 임할는지 너희가 알지 못함이니라. (마24:42)

(2) 주님께서 '도적 같이 생각지 않은 때'에 오신다고 하셨으므로, 우리는 항상 깨어 기다리며 미래를 예비하며 살아야 할 것입니다. (마24:43-44)

　● 너희도 아는 바니 만일 집 주인이 도둑이 어느 시각에 올 줄을 알았더라면 깨어 있어 그 집을 뚫지 못하게 하였으리라. 이러므로 너희도 준비하고 있으라 생각하지 않은 때에 인자가 오리라. (마24:43-44)

(3) 그러므로 우리는 우리의 크신 하나님 예수 그리스도의 영광의 나타나심을 기다리며, 이 세상 정욕을 버리고 신중함과 의로움과 경건함으로 복스러운 소망을 가지고 살아야 합니다. (딛2:11-14)

　● 모든 사람에게 구원을 주시는 하나님의 은혜가 나타나 우리를 양육하시되 경건하지 않은 것과 이 세상 정욕을 다 버리고 신중함과 의로움과 경건함으로 이 세상에 살고 복스러운 소망과 우리의 크신 하나님 구주 예수 그리스도의 영광이 나타나심을 기다리게 하셨으니, 그가 우리를 대신하여 자신을 주심은 모든 불법에서 우리를 속량하시고 우리를 깨끗하게 하사 선한 일을 열심히 하는 자기 백성이 되게 하려 하심이라. (딛2:11-14)

3) 예수님 안에서 성령님의 열매를 맺으며 살아야 합니다.

(1) 예수님께서는 우리가 성령님의 열매 맺기를 원하십니다.
성령님의 열매는 나 자신뿐만 아니라 우리의 교회와 우리의 주위 사람들에게 덕을 끼치게 할 것입니다.
(마24:45, 갈5:22-25)

● 오직 성령의 열매는 사랑과 희락과 화평과 오래 참음과 자비와 양선과 충성과 온유와 절제니 이 같은 것을 금지할 법이 없느니라. (갈5:22-23)

(2) 그리스도인은 사랑을 공급하는 생활을 하여야 합니다. 사랑은 세상에서 썩어질 것을 피하여 하나님의 성품을 닮아가는 것입니다. (벧후1:4-7)

● 이로써 그 보배롭고 지극히 큰 약속을 우리에게 주사 이 약속으로 말미암아 너희가 정욕 때문에 세상에서 썩어질 것을 피하여 신성한 성품에 참여하는 자가 되게 하려 하셨느니라. 그러므로 너희가 더욱 힘써 너희 믿음에 덕을, 덕에 지식을, 지식에 절제를, 절제에 인내를, 인내에 경건을, 경건에 형제 우애를, 형제 우애에 사랑을 더하라. (벧후1:4-7)

(3) 이 사랑은 참으로 위대한 것이며, 제일 좋은 길입니다.
바로 이러한 사랑이 그리스도의 정신입니다.
(고전12:31, 13:4-7)

● 사랑은 오래 참고 사랑은 온유하며, 시기하지 아니하며, 사랑은 자랑하지 아니하며, 교만하지 아니하며, 무례히 행하지 아니하며, 자기의 유익을 구하지 아니하며, 성내지 아니하며, 악한 것을 생각하지 아니하며, 불의를 기뻐하지 아니하며, 진리와 함께 기뻐하고, 모든 것을 참으며, 모든 것을 믿으며, 모든 것을 바라며, 모든 것을 견디느니라. (고전13:4-7)

4) 우리는 우리가 받은 복음을 전하며 살아야 합니다.

(1) 예수님께서 "너희는 가서 모든 민족을 제자로 삼아 아버지와 아들과 성령의 이름으로 세례를 베풀고 내가 너희에게

분부한 모든 것을 가르쳐 지키게 하라"고 말씀하셨습니다.
(마28:19-20)

(2) 하나님의 말씀을 준행하기 위해서는 매일 말씀을 읽으며, 기
도하며, 인내하며, 주님 오시는 그날까지 그리스도의 본을
보이며, 덕을 쌓으며, 복음을 전하며, 의로움과 경건함으로
굳건한 생활을 하여야 합니다.
(롬15:30, 고전11:26, 딤후3:15-17, 딛2:12-14, 히10:23,36)

(3) 믿음은 들음에서 나며, 들음은 그리스도의 말씀에서 나기 때
문에 말씀을 전하며 살아야 합니다. (롬10:17)

　● 그러므로 믿음은 들음에서 나며 들음은 그리스도의 말씀으로 말
미암았느니라. (롬10:17)

5) 결론적으로 하나님을 경외(敬畏)하는 삶이 행복입니다.

(1) 하나님을 경외하는 것이 지식의 근본이며, 주님을 의지하는
사람들이 복을 받게 됩니다. (잠1:7, 16:20, 23:17)

　● 여호와를 의지하는 것이 지식의 근본이거늘 미련한 자는 지혜와
훈계를 멸시하느니라. (잠1:7)

　● 삼가 말씀에 주의하는 자는 좋은 것을 얻나니 여호와를 의지하
는 자는 복이 있느니라. (잠16:20)

　● 네 마음으로 죄인의 형통을 부러워하지 말고 항상 여호와를 경
외하라. (잠23:17)

(2) 하나님을 경외함의 보상은 재물과 영광과 생명입니다.
(잠21:21, 22:4)

　● 공의와 인자를 따라 구하는 자는 생명과 공의와 영광을 얻느니
라. (잠21:21)

　● 겸손과 여호와를 경외함의 보상은 재물과 영광과 생명이니라.
(잠22:4)

(3) 하나님을 사랑하는 사람들은 의와 존귀와 부귀를 얻게 됩니
다. (잠8:17-21)

● 나를 사랑하는 자들이 나의 사랑을 입으며, 나를 간절히 찾는 자
가 나를 만날 것이니라. 부귀가 내게 있고, 장구한 재물과 공의도
그러하니라. 내 열매는 금이나 정금보다 나으며, 내 소득은 순은
보다 나으니라. 나는 정의로운 길로 행하며, 공의로운 길 가운데로
다니나니 이는 나를 사랑하는 자가 재물을 얻어서 그 곳간에 채우
게 하려 함이니라. (잠8:17-21)

8. 예배드리는 생활과 그리스도 안에서의 교제
(그리스도 안에서 온전한 교제를 이루어야 합니다.)

예수님을 믿는 사람들이 모이는 장소가 있습니다. 바로 교회입니다. 그리스도 안에서 성도들과의 교제와 교회의 생활에 대하여 살펴봅니다. 교회의 생활에서 바른 가치관을 가진다면 너무나 어렵게만 느껴졌던 성도들과의 대화가 쉬워지고, 교회 생활에서의 즐거움을 발견하며 예수 그리스도에 대한 소망을 갖게 될 것입니다.

1) 예수님을 믿는 사람들은 교회에 출석하여 성도들과 함께 예배를 드리게 됩니다.

(1) 예수님을 믿은 여러분들은 교회에 출석하여 하나님께 예배를 드리게 됩니다. 교회는 예수님을 구주로 영접하고 시인한 사람들, 즉 성도들이 모여 하나님께 예배드리는 처소입니다. (행16:13-15)

(2) 교회의 예배는 온전히 하나님께 드려지며, 예배의 순서는 기도와 찬송, 설교 그리고 헌금 등으로 지켜집니다. 이 예배의 예전은 초대 교회부터 지켜져 온 것입니다.
(행2:14-36, 4:35-36, 12:5, 20:36, 고전16:1-2, 엡5:19)

(3) 예수님은 그분의 몸인 교회와 함께 하시며, 감찰하시고, 징계를 내리시기도 하시며, 우리의 신앙을 권면하여 주시기도 하십니다. (엡1:22-23, 계1:20-3:22)

(4) 교회는 여러분을 믿음으로 양육하며, 영원한 생명을 사는 삶으로 인도하여 줄 것입니다. (엡3:10, 4:11-16)

(5) 이 교회는 세상 끝날 까지 있을 것이며, 인류 종말의 날, 하늘의 천국에서 온전히 그대로 유지 될 것입니다. (계19:9, 21:1-2)

2) 예수님을 믿은 이후, 교회 안에서의 삶의 방식은 기도와 전도와 성도와 교제하는 생활입니다. (롬15:30-33)

(1) 늘 기도하는 생활을 하여야 합니다.
특히 목회자와 교회와 가정을 위하여 기도하는 생활을 계속하는 것이 신앙생활을 유지하는 방법입니다. (롬15:30)

(2) 복음을 전하는 생활을 하여야 합니다.
복음은 내 이웃뿐만 아니라, 하나님을 알지 못하는 다른 민족까지도 구원을 얻게 합니다. (롬15:31)

(3) 성도와 교제하는 생활을 하여야 합니다.
성도와 교제는 그리스도 안에서 평안과 기쁨을 유지하게 할 것입니다. (롬15:32-33)

3) 성도와 교제를 가질 때는 그리스도 안에서 올바른 믿음과 덕으로 이루어가야 합니다.

(1) 성도의 교제는 그리스도 안에서 이루어져야 합니다. 그리스도인의 교제는 나눔입니다. (요일1:3, 행2:44-47)

(2) 그리스도인의 교제는 서로 권면하며, 격려하며, 서로 위하여 기도하는 것입니다. (롬15:14, 골3:16, 살전4:18, 약5:16)

(3) 올바른 믿음의 교제는 여러분의 마음을 기쁘게 하며, 믿음의 덕을 세워 줄 것입니다. (롬14:19, 히10:24-25)

9. 예수 그리스도를 믿은 이후의 결과

(예수 그리스도 안에서 영원히 축복된 삶을 얻게 됩니다.)

예수 그리스도를 믿은 이후의 궁극적인 삶의 변화와 그 결과는 무엇일까요? 현재는 어떻게 살아야 하는 것일까요? 그리고 우리가 죽은 이후의 미래는 어떤 것일까요? 또한 우리가 준비하여야 하는 삶은 어떠해야 할까요? 지금까지 소홀히 여겨왔던 삶의 지평들을 찾아본다면 아마 당신의 생은 즐거움과 결단의 연속이 될 것입니다.

1) 이 땅위에서는

(1) 우리의 하는 일이 복을 받게 됩니다.
하나님의 말씀을 순종하면 우리 자신과 우리의 자손들이 복을 받게 됩니다. 궁극적으로 얻게 되는 복은 영생입니다. (신28:1-6, 시133:3)

(2) 모든 일이 형통하게 됩니다.
진리 안에 살면 우리의 영혼이 잘 되며, 우리의 모든 일이 잘 되고, 또한 우리의 육신 또한 강건해지도록 주님께서 인도하여 주십니다. (요삼1:2)

(3) 하나님의 말씀인 성경을 사랑하게 됩니다.
성경은 우리 인생에게 영생이 있음을 알려주고, 또한 영생이 예수님 안에 있음을 말씀해 줍니다. (요5:39)

2) 우리들이 죽은 이후에는

(1) 생명의 부활로 일어나 하늘에 있는 영원한 집에 들어가게 됩니다. (고전15:51-52, 고후5:1)

(2) 또한, 주님의 말씀에 거하는 자는 새 하늘과 새 땅을 바라보게 됩니다. (벧후3:9-13)

(3) 이 땅에 사는 동안 주님 안에서 행한 행위에 따른 상급을 받고 영원한 안식을 얻게 될 것입니다. (계14:13)

3) 예수님께서 오실 때까지

(1) 우리는 기도에 항상 힘쓰고 감사함으로 깨어 있어야 하겠습니다. (롬12:12, 골4:2)

(2) 세상 정욕을 버리고 선한 행실을 가져야 하겠습니다. (딛2:14, 벧전2:12)

(3) 빛 가운데로 행하는 삶을 살아야 하겠습니다. (요일1:7)

(4) 이웃에게 우리가 받은 복음을 전하며 살아야 하겠습니다. (마28:19-20)

(5) 우리의 크신 하나님 구주 예수 그리스도의 영광의 나타나심을 기다리며 복스러운 소망을 가지고 신중함과 경건함과 의로움으로 살아야 하겠습니다. (딛2:11-13)

(6) 주님 오시는 그 날까지 말입니다.

- "아멘, 주 예수여! 오시옵소서!" (계22:20)

제2장

주기도문·사도신경·십계명

그리스도인이라면 적어도 주기도문과 사도신경, 십계명 이 세 가지는 기본적으로 알아야 합니다. 하나님을 사랑하는 구체적인 방법이 이 세 가지 안에 들어 있기 때문입니다. 이 장에서는 주기도문과 사도신경, 십계명이 제시하는 신앙과 삶의 지평에 대하여 알아봅니다. 믿음의 깊이가 더하여지게 될 것입니다.

너희가 내 이름으로 무엇을 구하든지 내가 행하리니
이는 아버지로 하여금 아들로 말미암아 영광을 받으시게 하려 함이라
내 이름으로 무엇이든지 내게 구하면 내가 행하리라
너희가 나를 사랑하면 나의 계명을 지키리라

(요14:13-15)

주기도문 · 사도신경 · 십계명에 대하여

교회에 처음 출석하게 되면 우리 주 예수 그리스도에 대하여 알기 이전에 교회의 예배에서 주기도문과 사도신경을 먼저 접하게 됩니다. 그리고 많은 성도들이 이를 암송하는 것을 볼 수 있습니다.

주기도문과 사도신경 외에도 목사님의 설교에 자주 언급되는 십계명은 교회의 윤리의 기초가 됩니다. 성도는 이러한 교회의 예전에 대하여 알 필요가 있고, 그 기원이 무엇이며, 그 내용은 무엇인지를 알 필요가 있습니다. 그래서 이장을 공부하게 되는 것입니다.

주기도문은 우리가 주님께 기도가 무엇인지 알 수 있게 해 주고, 사도신경은 우리의 신앙을 하나님께 고백할 수 있게 해 줍니다. 또한 십계명은 내가 살아가야 하는 삶의 지표를 설정하게 해 줍니다. 물론 우리는 이 모든 것을 다 지키고, 실천하기는 어렵지만, 우리들 자신의 신앙의 본류와 도덕적 종교적 개념을 갖추게 한다는 점에서 매우 중요하다 할 것입니다.

가장 기본적인 교회의 예배속에 암송되고 기도문으로 드리게 되는 주기도문은 말 그대로 주님께서 가르쳐주신 기도문으로 매일매일 마음속에 새기게 되는 기도의 표본이기도 합니다. 주님을 사랑하는 마음으로 주님을 찾아가게 되는 인간의 본래의 마음이 주님을 향해 기도하는 모습을 보여주기 때문입니다. 주기도문은 항상 우리의 마음을 새롭게 하고, 기도의 자세와 태도, 그리고 기도가 무엇인지를 알게 해 줍니다. 그래서 주기도문을 공부하는 것이 중요한 이유입니다.

사도신경은 사도들이 고백했던 예수 그리스도에 대한 믿음의 고백이 이어진 것으로 교회의 전통을 타라 시간을 두고 만들어졌다고 합니다. 그러나 중요한 것은 바로 오늘의 교회가 하나님과 예수 그리스도에 대하어 믿음의 고백을 드리는 것이며, 우리가 입술로 신앙을 고백함으로써 주님을 우리의 구세주, 우리의 하나님으로 받아들이게 한다는데 있습니다.

사도신경은 언제나 우리의 가슴속에서 늘 주님을 고백하게 하며, 사랑하게 하며, 주님을 우리의 하나님, 우리의 구세주로 모셔 들이게 합니다. 또한 말로써 우리의 신앙을 고백할 때, 성령님의 임재하심과 더불어 영원한 하늘나라에 대한 소망을 가지게 하며, 주님의 대속의 죽으심과 우리에 대한 속죄의 기쁨을 함께 고백하게 합니다. 또한 이러한 고백 가운데서 성령님의 도우심과 내주하심을 알게 합니다.

십계명은 하나님을 섬기는 윤리와 인간의 도덕적 태도, 주님을 사랑하는 삶으로써 인간의 윤리를 깨우치게 합니다. 근복적으로 선하신 하나님께서 인간에게 구약시대에 주신 율법의 근원으로써 그 본래의 목적이 하나님을 섬기는 인간의 삶의 기본적인 자세를 규정하는 것이기 때문에 우리는 십계명을 공부하게 되는 것입니다.

예수님께서 율법의 완성은 사랑이라고 하셨을 때, 그 율법의 근원이 바로 이 십계명이며, 하나님을 섬기는 인류의 근본적인 삶의 본류를 지정하는 것이 이 십계명이이기에 이 십계명은 더욱 중요하다 할 것입니다.

그래서 어느 정도 교회의 본질적인 모습을 알게 된 사람들이 주기도문과 사도신경, 그리고 십계명을 찾게 되는 연유도 이런 이유에 있다고 할 것입니다.

1. 주기도문 The Lord's Prayer

(주님께서 우리에게 가르쳐 주신 기도문입니다.)

주기도문은 주님께서 우리에게 가르쳐 주신 기도문입니다. 주기도문을 공부하는 것은 우리가 기도를 드릴 때 올바르게 기도를 드릴 수 있도록 하기 위해서입니다. 주기도문을 공부함으로써 주님을 기쁘시게 하는 기도를 드리며 바른 기도생활을 유지할 수 있게 될 것입니다. 이 장에서는 주기도문의 의미와 내용을 살펴봅니다.

● 새 주기도문 ●

하늘에 계신 우리 아버지,
아버지의 이름을 거룩하게 하시며
아버지의 나라가 오게 하시며,
아버지의 뜻이 하늘에서와 같이 땅에서도 이루어지게 하소서.
오늘 우리에게 일용할 양식을 주시고,
우리가 우리에게 잘못한 사람을 용서하여 준 것같이
우리 죄를 용서하여 주시고,
우리를 시험에 빠지지 않게 하시고, 악에서 구하소서.
나라와 권능과 영광이 영원히 아버지의 것입니다. 아멘.

주기도문

하늘에 계신 우리 아버지여,
이름이 거룩히 여김을 받으시오며,
나라가 임하시오며,
뜻이 하늘에서 이룬 것같이 땅에서도 이루어지이다.
오늘 우리에게 일용할 양식을 주시옵고,
우리가 우리에게 죄 지은 자를 사하여 준 것같이
우리 죄를 사하여 주시옵고,
우리를 시험에 들게 하지 마시옵고,
다만 악에서 구하시옵소서.
나라와 권세와 영광이
아버지께 영원히 있사옵나이다. 아멘
(마6:9-13)

1) 주기도문의 일반적인 내용을 살펴봅니다.

① 주기도문은 완전하고도 모범적인 기도문입니다.

(1) 주기도문은 기도의 표본으로 하나님께 구하여야 할 내용
이 무엇인지를 가르쳐 줍니다.

① 주기도문의 특색은 한마디로 '기도의 표본'이며 '완전한 기
도'라는 것입니다. 주님께서 '그러므로 너희는 이렇게 기도
하라'고 가르치셨습니다. (마6:8-9, 눅11:1-2)

② 주기도문은 하나님께 구하여야 할 내용들을 간결하고도
깊은 기도의 내용으로 이루어져 있습니다. (눅11:2-4)

(2) 주기도문을 가르치신 이유는 바른 기도생활입니다.

"그러므로 너희는 이렇게 기도하라. (마6:9)"

① 기도할 때에 사람에게 보이려고 기도하지 말아야 합니다.

(마6:5)

③ 골방에 들어가 문을 닫고 은밀한 중에 계신 하나님께 기도해야 합니다. (마6:6)

④ 이방인과 같이 중언부언해서는 안 됩니다.
(마6:7, 왕상18:26, 행19:34)

(3) 주기도문의 형식은 삼분법에 기초하고 있습니다.

① 먼저 기도의 대상인 '하늘에 계신 우리 아버지여' 하고 하나님을 호칭합니다. (마6:9)

  ● 하늘에 계신 우리아버지여 (마6:9a)

② 주기도문의 기도 내용은 하나님을 위한 세 가지와 사람을 위한 세 가지, 모두 여섯 가지의 기도문으로 나누어집니다. (마6:9-13)

  a. 하나님을 위한 세 가지 기도문 (마6:9-10)
    ● 이름이 거룩히 여김을 받으시오며 (마6:9b)
    ● 나라이 임하옵시며 (6:10a)
    ● 뜻이 하늘에서 이룬 것 같이 땅에서도 이루어지이다. (6:10b)

  b. 사람을 위한 세 가지 기도문 (마6:11-13)
    ● 오늘날 우리에게 일용할 양식을 주시옵고 (마6:11)
    ● 우리가 우리 죄를 사하여 준 것 같이 우리 죄를 사하여 주시옵고 (마6:12)
    ● 우리를 시험에 들게 마시옵고 다만 악에서 구하옵소서. (마6:13a)

③ 송영으로 정리되고 있습니다. (마6:13)

(4) 주기도문은 기도의 표본으로써 기도의 형식과 내용, 그리고 그 정신이 주님께서 가르치신 기도문과 같아야 한다는

말입니다. (마6:9)

2 주기도문에는 주님께서 가르치시는 교훈이 있습니다.

(1) 하나님과 우리의 관계가 아버지와 자녀의 관계임을 가르
칩니다. (마6:9a)

　* 하늘에 계신 우리 아버지
　　(하늘에 계신 우리 아버지여)

(2) 우리의 예배의 대상이 하나님이심을 가르칩니다.
　(마6:9b, 6:13b)

　* 아버지의 이름을 거룩하게 하시며
　　(이름이 거룩히 여김을 받으시오며)

　* 영광이 영원히 아버지의 것입니다.
　　(영광이 아버지께 영원히 있사옵나이다.)

(3) 하나님은 왕이시고, 우리는 그분의 백성임을 가르칩니다.
　(마6:10)

　* 아버지의 나라가 오게 하시며
　　(나라가 임하시오며)

(4) 우리는 날마다 하나님의 은혜를 받아야 살 수 있는 존재임
을 가르칩니다. (마6:11)

　* 오늘 우리에게 일용할 양식을 주시고
　　(우리에게 일용할 양식을 주시옵고)

(5) 하나님은 구속주이시고, 우리는 죄인임을 가르칩니다.
　(마6:12)

　* 우리 죄를 용서하여 주시고
　　(우리를 죄에서 사하여 주시옵고)

(6) 우리 성도들은 언제나 하나님께 영광을 돌려야 한다는 사실을 가르칩니다. (마6:13, 고전10:31)

> * 나라와 권능과 영광이 영원히 아버지의 것입니다.
> (나라와 권세와 영광이 아버지께 영원히 있사옵니다.)

2) 주님께서 가르치신 기도문의 내용을 세부적으로 살펴봅니다.

1 하늘에 계신 우리 아버지

> ● '하늘에 계신 우리 아버지여' (하나님을 부르심, 마6:9a)

하나님은 곧 성부이시며, 인격자이시며, 절대자로 우리의 기도의 대상임을 가르쳐 줍니다.

(1) '하늘에 계심'은 하나님께서는 우주의 중심이신 하늘 보좌에 계시고, 우리는 땅에 있다는 뜻입니다.
(시11:4, 115:3, 전5:2)

(2) '우리'라는 개념은 교회와 우리 그리스도인 모두를 지칭하는 말입니다.

(3) '아버지'는 우리를 창조하시고, 인도하시며, 보호하시며, 가르치시며, 선과 의의 길로 인도하시는 공평과 정의의 성부 하나님을 의미합니다. (사64:8, 말2:10, 요1:12, 롬8:15)

2 아버지의 이름을 거룩하게 하시며
(하나님을 위한 기도의 제1조문)

> ● '이름이 거룩히 여김을 받으시오며' (마6:9b)

이는 우리가 하나님의 자녀로서 아버지이신 하나님을 위한 첫 번째 기도문입니다. 우리가 기도할 때에는 제일 먼저 하나님께 영광을 돌리는 기도를 드려야 합니다.

(1) '이름'이란 그분의 본성, 그분의 사역, 그분의 권위, 그분의 능력, 곧 '그분 자신'을 의미합니다. 하나님의 이름은 하나님 그분 자신을 가리키는 말입니다.
(창4:26, 12:8, 13:4, 출3:14, 20:7, 33:19, 34:5, 삿13:18)

(2) '이름을 거룩히 여김을 받으시오며'라는 뜻은 하나님의 이름이 거룩히 여김을 받으시오며, 즉 그분이 거룩하고 영화롭게 찬송 받으시기를 바라는 말씀으로 '하나님 한 분만이 예배의 대상'이 되기를 구하는 것입니다.
(시96:8, 102:15, 145:21, 148:13, 사29:23)

① 우리의 올바르지 못한 행위로 하나님의 이름을 욕되게 해서는 안 됩니다.
(레18:21, 19:12, 21:6, 잠30:9, 딤전6:1 롬2:23-24)

② 우리는 하나님의 이름을 자랑하며 찬송하여야 합니다.
(시7:17, 20:7, 44:8, 69:30, 단2:20)

③ 하나님의 이름을 모독해서는 안 됩니다. 하나님의 이름을 모독하면 죽임을 당하여야 합니다.
(레24:16, 신5:11, 계16:9)

(3) '거룩하게 함'이란 성도들의 착한 행실과 성결한 삶을 통하여 하나님께서 영광을 받게 되시기를 바라는 기도문입니다. (레21:6, 마5:16, 롬2:24)

① 하나님의 속성처럼 인간 역시 거룩한 삶을 살아야 함을 의미합니다. (레21:6)

② 우리의 착한 행실은 하나님께 영광이 될 것입니다.
(마5:16)

③ 우리의 올바르지 못한 행실은 하나님의 이름에 누를 끼치
게 됩니다. (롬2:24)

③ 아버지의 나라가 오게 하시며
(하나님을 위한 기도의 제2조문)

● '나라이 임하옵시며' (마6:10a)

하나님의 자녀된 성도들이 천국의 시민으로서 하나님의 나라
가 이 땅에 속히 임하기를 기원하는 두 번째 기도문입니다.

(1) '하나님의 나라'는 전능하시고 지극히 선하고 높으신 하나
님께서 통치하시는 영역, 즉 하나님이 계시는 곳, 임재하시
는 곳으로 하나님께서 완전히 통치하는 것을 의미합니다.
(계12:10/ 비교, 마12:28, 시33:12, 막4:30-32)

① 하나님의 나라는 먹고 마시는 것이 아니라 오직 성령님 안
에 있는 의와 평강과 희락입니다. (롬14:17)

② 하나님의 나라는 말에 있는 것이 아니라 능력에 있는 것입
니다. (고전4:20)

③ 하나님의 나라는 볼 수 있는 것이 아니라, 우리 안에 있는
것이며, 우리가 거듭나야만 볼 수 있는 것입니다.
(눅17:20-21, 요3:3)

④ 하나님의 나라는 물과 성령으로 나지 아니하면 들어갈 수
없습니다. 즉 회개하고 오직 복음이신 예수님을 믿음으로
써만 가능한 일입니다.
(마19:24, 막1:15, 10:23-25, 요3:5/ 비교, 마21:31)

⑤ 하나님의 나라를 어린 아이들과 같이 받드는 자만이 하나
님의 나라에 들어갈 수 있습니다. (막10:14-15)

⑥ 술취함과 방탕함과 같은 육체의 일을 행하는 자들은 하나

님의 나라를 유업으로 받지 못합니다.
(고전6:10, 갈5:19-21)

⑦ 하나님의 나라를 위하는 자들은 고난을 받게 됩니다.
(살후1:4-5, 계1:9)

(2) '임하옵시며'라는 말은 하나님께서 친히 이 땅을 다스리시기를 기원하는 말이며, 이 땅이 하나님께서 다스리시는 천국으로 변화하기를 기원하는 기도문입니다.

① 예수님께서 하나님의 나라를 선포하였습니다. (눅8:1)

② 예수님께서 하나님의 성령을 힘입어 귀신을 좇아내시는 것이라면 이미 하나님의 나라가 임한 것이라고 말씀하셨습니다. (마12:28, 눅11:20/ 비교, 막9:1)

③ 우리는 하나님의 나라를 전하여야 합니다. 예수님께서도 하나님의 나라의 복음을 전하기 위하여 보내심을 받으셨다고 말씀하셨습니다. (눅4:43)

④ 우리가 먼저 하나님의 나라와 그분의 의를 구하면 우리에게 있어야 할 모든 것을 더하여 주실 것입니다. (마6:33)

◢ 아버지의 뜻이 하늘에서와 같이 땅에서도 이루어지게 하소서
(하나님을 위한 기도의 제3조문)

● 뜻이 하늘에서 이룬 것 같이 땅에서도 이루어지이다. (마6:10b)

(1) '뜻이 하늘에서 이룬 것 같이'라는 기도는 하늘에서 주님의 나라가 완성된 것처럼 이 땅에서도 하나님의 나라가 이루어지기를 기원하는 표현입니다. (계21:1-7/ 비교, 22:7,12)

(2) '땅에서도 이루어지이다'라는 말은 하나님의 뜻이 하늘에서 이루어진 것처럼 땅에서도 이루어지기를 구하는 하나님을 위한 세 번째 기도문입니다. (롬12:2)

5 오늘 우리에게 일용할 양식을 주시고
  (사람을 위한 기도의 제1조문)

  ● '오늘날 우리에게 일용할 양식을 주시옵고' (마6:11)

(1) '일용할 양식'은 생활에 필요한 최소한의 모든 것을 가리키는 말입니다. 육신의 생활을 위해 오늘의 양식을 구하는 것은 하나님을 기쁘시게 하는 일입니다.
  (마6:11/ 비교, 마6:31-34)

  ① 우리의 일용할 양식은 남의 것이 아닌, 우리의 것, 우리가 수고해서 얻은 것을 의미하는 말입니다. (시128:2)

  ② 우리가 일용할 양식은 먹을 양식과 우리에게 필요한 모든 것을 의미합니다. (잠30:8-9)

  ③ 한꺼번에 많은 것을 구하라 하지 않고, '일용할 양식을 구하라' 함은 재물을 의지하거나 물질에 대한 욕심을 부리지 말아야 한다는 뜻이 내포되어 있습니다.
  (마6:25-26, 딤전6:6-7, 히13:5)

  ④ 우리가 구해야 할 양식은 육체의 양식뿐만 아니라 영혼의 양식까지도 구해야 합니다. 우리는 하나님의 말씀으로 하루하루를 살아가는 것입니다.
  (요4:32-34, 6:26-27,55, 고후9:10)

  ⑤ 우리는 먼저 하나님의 나라와 그분의 의를 구해야 합니다. 그렇게 하면 우리에게 일용할 모든 것을 더하여 주실 것입니다. (마6:31-33)

  ⑥ 우리가 궁극적으로 얻어야 할 양식은 하나님의 뜻을 행하며 그분의 일을 온전히 이루는 것입니다. (요4:34, 6:55)

(2) '주시옵고'는 '주다', '위탁하다', '허락하다'라는 의미가 있습니다. 하나님께서 주셔야만 받을 수 있습니다.

(마6:25-32, 7:7-8)

⑥ **우리가 우리에게 잘못한 사람을 용서하여 준 것같이 우리 죄를 용서하여 주시고** (사람을 위한 기도의 제2조문)

- '우리가 우리에게 죄 지은 자를 사하여 준 것 같이 우리의 죄를 사하여 주시옵고' (마6:12)

(1) '우리가 우리에게 죄 지은 자를 사하여 준 것 같이'라는 말은 우리가 하나님의 사하심을 받기 위해서는 먼저 우리가 용서하여야 함을 의미합니다. (마5:23-24, 행7:59-60)

① '우리에게 죄 지은 자'는 우리를 고통 속에 몰아넣은 모든 이들을 가리키는 말일 것입니다. (창50:17/ 비교, 민5:7)

② '사하여 준 것'은 실수를 용서해 준다는 의미입니다. (마18:21-35/ 비교, 눅23:34)

③ 이는 죄인인 인간이 간구하여야 할 가장 중요한 기도문입니다. (마18:21-22, 눅17:3-4)

(2) '우리 죄를 사하여 주옵시고'라는 말은 우리의 원죄뿐만 아니라 자범죄까지도 지은 죄를 회개하며 용서를 구해야 한다는 말입니다. 우리 인간이 하나님 앞에 나가기 위해서는 우리가 하나님으로부터 우리의 죄를 사함 받을 때만 가능한 일이기 때문입니다. (눅15:7, 행3:9, 8:22/ 비교, 마7:7-8)

⑦ **우리를 시험에 빠지지 않게 하시고 악에서 구하소서**
(사람을 위한 기도의 제3조문)

- '우리를 시험에 들게 마시옵고, 다만 악에서 구하옵소서' (마6:13a)

(1) '시험에 들게 마옵시고'라는 말의 뜻은 '시험에 말려들지 말게 하여 달라'는 기도입니다. (마6:13)

① 성도가 당하는 시험은 시련과 유혹입니다.

    a. 시련은 하나님께서 우리의 신앙을 시험하는 것입니다. (창22:1-2. 고전10:13/ 비교, 약1:13)

    b. 유혹은 마귀가 우리의 신앙을 타락시키는 것입니다. (창3:4-5)

    c. 각 사람이 시험을 받는 것은 자기 욕심에 끌려 미혹되기 때문입니다. (약1:14)

② 시험이란 말은 역경과 고난, 유혹의 의미가 있으나, 여기에서는 '죄를 짓도록 적극적으로 유혹하는 것'을 의미합니다. (딤전3:7, 벧전5:8, 요일3:8/ 비교, 창3:4-5)

③ 우리를 유혹하는 것은 마귀입니다. 마귀에게 틈을 주지 말아야 합니다. (마4:1, 눅4:2, 엡4:27, 6:11, 계2:10, 12:9)

④ 우리는 시험에 들지 않기를 기도하여야 합니다. (마26:41)

⑤ 시험은 누구에게나 있으나 우리가 시험을 당할 때 기도하면 주님께서 피할 길을 열어주실 것입니다. (고전10:13)

⑥ 시련의 시험은 하나님을 바라보며 끝까지 참으며, 유혹의 시험은 단호히 거부하고 피하는 것입니다. (약1:2-4,12/ 비교, 창39:7-18)

⑦ 여러 가지 시험이 다가올 때 우리가 가져야할 태도는 온전히 기쁘게 여기는 것입니다. (약1:2)

(2) '다만 악에서 구하옵소서'라는 말은 '악에서 승리하게 하여 달라'는 의미입니다.

① '악'은 '불행', '타락한 본성', '악마', '마귀'를 가리킵니다. (요8:44, 행13:10, 딤후2:26, 히2:14, 계20:2-3)

② '구함'은 '구출'과 '건짐'을 의미합니다. (살전1:10)

8 나라와 권능과 영광이 영원히 아버지의 것입니다. 아멘

● '나라와 권세와 영광이 아버지께 영원히 있사옵나이다. 아멘'
(송영, 마6:13b)

(1) 이는 주기도문의 제3부로서 신앙고백이며 송영입니다.

① '하나님의 나라'는 왕국, 왕권, 통치를, '권세'는 어떤 세력도 격파할 수 있는 힘, '영원히'는 영원무궁(끝없이 계속되는 시간)을 의미합니다.

② 나라를 설립할 힘과 권세도 나라의 흥왕으로 실현될 영광도 그리스도 안에서 하나님께 속한 것입니다.
(마28:18, 눅10:19, 요1:12)

③ 성도들은 하나님이 천지의 주재(主宰)시며, 나라의 흥망과 성쇠가 모두 다 하나님께 있으며, 하나님만이 그 영광을 영원히 받으실 분이심을 고백하여야 합니다.
(창14:19, 유1:24-25)

(2) '아멘(Amen)'은 '그렇게 되소서', '참으로', '진실로'라는 뜻입니다.

① 교회 안에서 사용하는 아멘의 일반적 의미는 '진실로 그렇습니다.', '그렇게 믿습니다.'라는 뜻입니다.
(고전14:16, 계3:14)

② 기도와 송영 다음에는 '아멘'으로써 성도들이 화답하게 됩니다. (대상16:36, 느5:13, 8:6, 시41:13, 106:48)

3) 결론적으로 주기도문은 성도들에게 기도의 정신을 가르쳐 주신 것입니다.

(1) '너희는 이렇게 기도하라'는 말씀은 단순히 문자적 반복을 의미하는 것이 아니며, 기도의 정신, 표준, 순서 등을 말씀하신 것입니다.

(2) 성도들은 주님께서 가르쳐 주신 기도문의 정신을 따라 기도하여야 할 것입니다.

(3) 우리의 기도와 믿음의 행위는 언제나 일치하여야 합니다. 기도는 바른 생활로 이어지고, 생활 속에 실천되어져야만 응답받는 기도로써 하나님께 드려질 수 있을 것입니다.

2. 사도신경 The Apostles' Creed

(우리들이 믿는 하나님에 대한 신앙고백입니다.)

사도신경은 믿음의 원천이며 믿음의 고백이기 때문에 오늘날 교회의 예배 중에 신앙고백을 드리는 시간을 갖게 되었습니다. 이 장에서는 사도신경의 기원과 역사를 알게 되고, 사도신경이 의미하는 바와 그 신앙고백의 내용을 조문별로 살펴봅니다. 여러분이 믿음을 고백해야 하는 내용이 무엇인지 알 수 있게 될 것입니다.

● 새 사도신경 ●

나는 전능하신 아버지 하나님, 천지의 창조주를 믿습니다.
나는 그의 유일하신 아들, 우리 주 예수 그리스도를 믿습니다.
그는 성령으로 잉태되어 동정녀 마리아에게서 나시고,
본디오 빌라도에게 고난을 받아 십자가에 못 박혀 죽으시고,
장사된 지 사흘 만에 죽은 자 가운데서 다시 살아나셨으며,
하늘에 오르시어 전능하신 아버지 하나님 우편에 앉아 계시다가,
거기로부터 살아 있는 자와 죽은 자를 심판하러 오십니다.
나는 성령을 믿으며 거룩한 공교회와 성도의 교제와
죄를 용서받는 것과 몸의 부활과 영생을 믿습니다. 아멘.

사도신경

전능하사 천지를 만드신 하나님 아버지를 내가 믿사오며,
그 외아들 우리 주 예수 그리스도를 믿사오니,
이는 성령으로 잉태하사 동정녀 마리아에게 나시고,
본디오 빌라도에게 고난을 받으사, 십자가에 못 박혀 죽으시고,
장사한 지 사흘 만에 죽은 자 가운데서 다시 살아나시며,
하늘에 오르사, 전능하신 하나님 우편에 앉아 계시다가,
저리로서 산 자와 죽은 자를 심판하러 오시리라.
성령을 믿사오며, 거룩한 공회와, 성도가 서로 교통하는 것과,
죄를 사하여 주시는 것과, 몸이 다시 사는 것과,
영원히 사는 것을 믿사옵나이다, 아멘.

1) 사도신경의 기원은 사도인 열두 제자의 신앙고백으로 알려져 있습니다.

나는 믿습니다. 전능하신 아버지 하나님을 _베드로
천지를 만드신 _요한
하나님의 외아들 우리 주 예수 그리스도를 _야고보
그분은 성령으로 잉태하사 동정녀 마리아에게 나시고 _안드레
본디오 빌라도에게 고난을 받으사 십자가에 못 박혀 죽으시고 장사한지 _빌립
사흘 만에 죽은 자 가운데서 다시 살아나시며 _도마
하늘에 오르사 전능하신 하나님 우편에 앉아 계시다가 _나다나엘
저리로서 산자와 죽은 자를 심판하러 오시리라 _마태
나는 성령을 믿사오며 거룩한 공회와 _작은 야고보
성도가 서로 교통하는 것과 죄를 사하여 주시는 것과 _시몬
몸이 다시 사는 것과 _유다
영원히 사는 것을 _맛디아
아멘.

* 주) 사도신경의 원문은 '나는 믿는다' 시작하여 믿음의 내용을 뒤에 나열합니다.
『예수가 선택한 열두 제자 이야기』 한기채 저, 엔크리스토, 2003) 번역문 인용

(1) A.D4세기의 루피누스(Rufinus)가 '사도신조 주석'에서 열두 사도가 한 줄씩 썼다고 주장합니다.

(2) 오늘날의 사도신경의 모체는 A.D400년경의 라틴어로 된 『로마교회 신조』(The Old Roman Creed)로 알려져 있습니다.

(3) 사도신경은 8세기에 현재와 같은 언어로 확정되어 12C에 카톨릭 교회에 의하여 공식적으로 인준되었습니다.

2) 사도신경은 믿음의 원천이며 믿음의 고백입니다.

(1) 믿음의 근원은 하나님이시며, 믿음은 하나님께서 주시는 선물입니다.

① 성부 하나님께서 우리 인간들에게 믿음을 선물로 주셨습니다. (엡2:8, 히12:2)

② 성자 하나님은 믿음의 근원이 되십니다.
(눅17:5, 딤후3:15, 히12:2)

③ 믿음은 성령 하나님의 은사로 주어진 것입니다. (고전12:9)

(2) 인간은 하나님께서 주신 믿음의 선물을 받아들여야만 하는 믿음의 선행조건이 있습니다.

① 하나님의 말씀을 들어야 합니다. (롬10:7)

② 하나님의 말씀에 동의하여야 합니다.
(마13:23, 눅8:12,15, 요6:68-69)

③ 믿음의 주님이신 예수 그리스도를 바라보아야 합니다.
(히12:2)

④ 예수 그리스도를 주님으로 영접하면 영생을 얻게 됩니다.
(요1:12, 5:24, 17:3)

⑤ 믿음이 없는 사람이라도 그리스도의 복음을 듣고 진리의 말씀을 받아들일 때 믿음이 있게 됩니다. (행16:31-32)

(3) 신앙의 고백은 복되고 확실한 결과를 우리에게 보여 줍니다.

① 예수 그리스도를 구주로 믿고 영접하는 자는 하나님의 자녀가 되는 특권을 누리게 됩니다. (요1:12, 갈3:26)

② 영생을 얻게 됩니다. (요3:16, 10:28)

③ 심판에 이르지 않게 됩니다. (요5:24, 요10:28)

④ 하나님의 나라를 처소로 얻게 됩니다. (요14:2-31)

⑤ 마음에 기쁨과 평안이 있게 됩니다.
   (사26:3, 롬5:1, 14:17, 벧전1:8)

⑥ 능력을 얻게 됩니다. (마21:21, 히11:32-34)

⑦ 하나님을 기쁘시게 합니다. (히11:6)

⑧ 죄 사함과 병 고침을 받게 됩니다.
   (마8:16-17, 9:2, 히11:5, 약5:15)

⑨ 하나님을 사랑하게 되고, 세상을 이길 힘을 얻게 됩니다.
   (요16:33, 요일5:3-4)

⑩ 주님께[서 재림하실 때 영접을 받게 됩니다.
   (요14:3, 살전4:16-17)

3) 사도신경 본문을 살펴봅니다.

1 **창조주 하나님(성부)의 실재에 대한 믿음을 고백합니다.**
(출3:14, 합3:2, 골1:16, 히2:6)

   * 나는 전능하신 아버지 하나님, 천지의 창조주를 믿습니다.
   (전능하사 천지를 만드신 하나님 아버지를 내가 믿사오며)

(1) 천지를 창조하신 하나님을 믿습니다.

　(창1:1, 출3:14-15, 6:3, 욥42:2, 시121:2, 사45:18)

　＊ 전능하신...... 천지의 창조주를 믿습니다.
　（전능하사 천지를 만드신 하나님）

　① 그리스도인은 하나님께서 천지를 창조하셨음을 믿습니다.
　　（창1:1. 골1:16）

　② 만물이 주님께로부터 나오고, 주님께로 돌아가게 됩니다.
　　（롬11:36）

　③ 창세로부터 영원하신 하나님의 능력과 신성이 그 만드신
　　만물에 분명히 보이므로 모두가 성부 하나님을 알 수 있습
　　니다. (롬11:36)

(2) 성부 하나님을 믿습니다.

　(신32:6, 삼하7:14, 시68:5, 사63:16, 64:8, 말2:10, 마5:16,45,
　48, 6:6-8, 10:29, 롬8:14, 히12:5-8)

　＊ 아버지 하나님....... 믿습니다.
　（아버지를 믿사오며）

　① 하나님의 영으로 인도함을 받는 이들은 하나님의 아들이
　　라 일컬음을 받게 됩니다. (롬8:14)

　② 예수님을 영접하는 자, 즉 그분의 이름을 믿는 자들은 하나
　　님의 자녀가 됩니다. (요1:12)

　③ 하나님께서 이 세상을 사랑하셔서 독생자를 주셨는데, 이
　　는 믿는 자들에게 영생을 주시기 위함이셨습니다.
　　（요3:16, 5:24, 14:6）

　　예수께서 이르시되 내가 곧 길이요 진리요 생명이니 나로 말
　　미암지 않고는 아버지께로 올 자가 없느니라. (요14:6)

④ 하나님을 믿는 사람은 신령과 진정으로 하나님께 예배를
드리게 됩니다. (요4:23-24, 롬12:1)

② 하나님의 아들 예수 그리스도에 대한 믿음을 고백합니다.

나는 그의 유일하신 아들, 우리 주 예수 그리스도를 믿습니다.
그는 성령으로 잉태되어 동정녀 마리아에게 나시고,
본디오 빌라도에게 고난을 받아 십자가에 못 박혀 죽으시고,
장사된 지 사흘 만에 죽은 자 가운데서 다시 살아나셨으며,
하늘에 오르시어 전능하신 아버지 하나님 우편에 앉아 계시다가,
거기로부터 살아 있는 자와 죽은 자를 심판하러 오십니다.

(그 외아들 우리 주 예수 그리스도를 믿사오니,
이는 성령으로 잉태하사 동정녀 마리아에게 나시고,
본디오 빌라도에게 고난을 받으사, 십자가에 못 박혀 죽으시고,
장사한 지 사흘 만에 죽은 자 가운데서 다시 살아나시며,
하늘에 오르사, 전능하신 하나님 우편에 앉아 계시다가,
저리로서 산 자와 죽은 자를 심판하러 오시리라.)

(1) 예수 그리스도는 하나님의 아들이심을 믿습니다.
(요1:14, 마16:16, 막1:1, 요3:16-18, 요일4:9)

＊ 나는 그의 유일하신 아들, 우리 주 예수 그리스도를 믿습니다.
(그 외아들 우리 주 예수 그리스도를 믿사오니)

① 주님은 그리스도이시며 살아계신 하나님의 아들이십니다.
(마16:16)

② 예수님은 하나님의 아들이십니다. (요1:34)

③ 예수님은 우리의 주님이 되십니다. (빌2:9-11, 계22:20)

(2) 예수 그리스도의 동정녀 탄생을 믿습니다.
(사7:14, 마1:18-25, 눅1;26-38)

* 그는 성령으로 잉태되어 동정녀 마리아에게 나시고
(이는 성령으로 잉태하사 동정녀 마리아에게 나시고)

① 예수님은 예언의 몸을 입고 이 세상에 오셨습니다.
(사7:14)

② 그분은 성령님으로 잉태되어 동정녀 마리아의 몸에서 나
셨습니다. (마1:18-25)

③ 예수님의 탄생을 천사가 알렸으며, 주위의 사람들이 하나
님의 아들임을 알았습니다.
(눅1:26-38,39-45,67-80, 2:8-20,25-35,36-39)

(3) 예수 그리스도의 대속의 죽으심을 믿습니다.
(마27, 막15, 눅23, 요18-19)

* 본디오 빌라도에게 고난을 받아 십자가에 못 박혀 죽으시고
(본디오 빌라도에게 고난을 받으사 십자가에 못 박혀 죽으시고)

① 예수님은 십자가 위에서 일곱 마디의 말씀을 남기시고 죽
임을 당하셨습니다. (빌2:8)

② 예수님의 죽으심은 우리의 죄를 대속하기 위함이셨습니
다. (히9:12, 벧전3:18-20)

(4) 예수 그리스도의 부활을 믿습니다.
(마28, 막16, 눅24, 요20)

* 장사된 지 사흘 만에 죽은 자 가운데서 다시 살아나셨으며
(사흘 만에 죽은 자 가운데서 다시 살아나시며)

① 예수님은 장사되신 후 사흘 만에 다시 살아나셨습니다.
(눅24:20-23, 고전15:3-4)

② 예수님의 부활은 모든 성도들의 부활의 첫 열매이십니다.
(고전15:20, 15:43-52)

(5) 예수 그리스도의 승천하신 사실을 믿습니다.
(막16:19-20, 눅24:50-53, 요20:17, 행1:9-11, 엡4:8-10, 딤전 3:16, 히4:14)

* 하늘에 오르시어 전능하신 아버지 하나님 우편에 앉아 계시다가
(하늘에 오르사 전능하신 하나님 우편에 앉아계시다가)

① 부활하신 예수님은 40일 동안 제자들에게 하나님 나라에 대하여 가르치시다가 승천하셨습니다. (눅24:51, 행1:9-11)

② 예수님께서 승천하신 후 하나님 우편에 앉으셨습니다.
(막16:19, 행2:35-36)

③ 예수님께서 승천하신 이유는 우리를 위하여 처소를 예비 하시기 위함이셨습니다. (요14:3)

④ 승천하신 예수님은 하나님의 권세를 가지신 만왕의 왕이 되셨습니다. (엡1:21, 빌2:9-11, 계1:5, 5:11-12, 19:16)

(6) 예수 그리스도의 재림과 심판을 믿습니다.
(마24:30, 25:31, 행1:11, 계22:7,12,20)

* 거기로부터 살아 있는 자와 죽은 자를 심판하러 오십니다.
(저리로서 산 자와 죽은 자를 심판하러 오시리라)

① 예수님의 재림은 인류의 마지막 때이며, 만물의 마지막 때 가 될 것입니다. (벧후3:8-9)

② 예수님은 다시 오실 것이라고 약속하셨습니다. (계22:20)

③ 예수님의 재림의 때에는 반드시 심판이 있을 것입니다.
(시96:13, 전3:17, 마11:22, 25:31-36, 계20:11-14)

④ 심판의 날에는 각 사람의 행한 대로 보상을 받게 될 것입니 다. (마25:31-46, 계20:13, 히9:27)

3 성령님의 역사하심을 믿습니다.

＊ 나는 성령을 믿으며
(성령을 믿사오며)

(1) 성령님의 다른 이름은 보혜사이십니다. 성령님께서는 영
원히 성도들과 함께 거하실 것입니다. (요14:16,26)

(2) 성도들에게는 예수 그리스도의 영이 거하시고 계십니다.
(롬8:9)

(3) 진리의 성령님께서는 성도들을 진리 가운데로 인도하시
며, 장래 일에 대하여도 보여주실 것입니다. (요16:13-14)

(4) 성령님께서 임하시면 능력을 얻게 됩니다. (행1:8)

4 교회의 일체성을 믿습니다.

＊ 거룩한 공교회와 성도의 교제와
(거룩한 공회와 성도가 서로 교통하는 것과)

(1) 교회는 그리스도의 몸이요, 우리는 그 지체입니다.
(롬12:4-6, 고전12:27, 엡5:23)

(2) 교회는 지상의 교회나 천상의 교회나 그리스도 안에서 다
하나입니다. (엡1:10)

(3) 교회의 주인은 예수 그리스도이십니다. (엡5:23)

5 예수 그리스도의 속죄하심을 믿습니다.

＊ 죄를 용서받는 것과
(죄를 사하여 주시는 것과)

(1) 예수 그리스도께서 십자가에 죽으심과 보혈의 피 흘리심

으로 우리가 죄 사함을 입게 되었습니다. (벧전2:24)

(2) 예수님께서 이 세상에 오신 목적은 자기 목숨을 많은 사람들을 위하여 대속물로 드리시기 위함이셨습니다. (막10:45)

(3) 예수님의 대속의 죽으심으로 우리가 하나님께 나아갈 수 있게 되었습니다. (벧전3:18)

⑥ 육체의 부활과 영생을 믿습니다.

* 몸의 부활과 영생을 믿습니다. 아멘.
  (몸이 다시 사는 것과 영원히 사는 것을 믿사옵나이다. 아멘)

(1) 우리는 부활의 첫 열매되신 그리스도를 믿으며, 훗날 죽은 자 가운데서 우리도 살아날 것을 믿습니다.
(요11:25, 고전6:14, 15:13, 15:51-52, 계22:5)

(2) 그리스도를 구주로 믿고 영접한 성도는 영생을 얻게 됩니다. (요3:16, 3:36, 6:40, 20:31)

(3) 성도들은 하나님과 함께 천국에서 영원히 거하게 될 것입니다. (요5:24, 10:28, 요일2:17)

4) 신앙고백에는 축복이 있습니다.

(1) 예수 그리스도를 구주로 믿고 신앙고백을 하는 성도들에게는 영생(永生)의 축복이 주어집니다.

① 영생을 얻고 멸망치 않게 됩니다. (요3:16)

② 심판에 이르지 않게 됩니다. (요5:24, 요10:28)

③ 하나님의 나라를 처소로 얻게 됩니다. (요14:2-3)

④ 예수님께서 다시 오실 때 주님을 영접할 수 있는 특권을 누

리게 됩니다. (요14:3, 살전4:16-17)

(2) 예수 그리스도를 구주로 믿고 신앙고백을 하는 성도들에게
는 믿음의 축복이 주어집니다.

① 믿음의 능력을 경험하게 됩니다. (마21:21, 요14:12, 히
11:32-34)

② 하나님을 기쁘게 합니다. (히11:6)

③ 하나님의 자녀가 되는 특권을 누리게 됩니다.
(요1:12, 롬8:16)

(3) 예수 그리스도를 구주로 믿고 신앙고백을 하는 성도들에게
는 죄 사함의 축복이 주어집니다.

① 죄 사함과 병 고침을 얻게 됩니다. (마8:16-17, 9:2, 막5:15)

② 마음에 기쁨과 평강이 있게 됩니다.
(사26:3, 롬5:1, 벧전1:8, 롬14:17)

③ 세상을 이길 힘을 얻게 됩니다. (요16:33, 요일5:3-4)

5) 결론적으로 그리스도인이 사도신경을 통하여 신앙을 고백
한다는 것은 근본적으로 예수 그리스도에 대한 믿음을 받아
들인다는 것을 의미합니다. 예수 그리스도의 십자가 위에서
의 대속의 죽으심과 부활하심, 그리고 성도들이 죽은 이후
다시 부활하여 천국에서 예수 그리스도와 함께 영원히 거하
게 된다는 사실을 믿는다는 것을 의미합니다.

3. 십계명이란 무엇일까요?

(우리가 지켜야할 하나님의 명령입니다.)

　오늘날 십계명이 우리에게 주는 의미는 무엇일까요? 십계명이 우리에게 말하고자 하는 바는 무엇일까요? 성도들의 윤리의 기준인 십계명이 의미하는 바를 살펴보고, 각 조항이 가진 의미들을 하나씩 공부해 보고자 합니다. 이 장을 공부함으로써 하나님의 명령으로서의 삶의 가치관과 윤리의 기준을 설정할 수 있을 것입니다.

1) 십계명의 본문은 성경에 기록된 하나님의 말씀입니다.

하나님이 이 모든 말씀으로 일러 이르시되

나는 너를 애굽 땅, 종 되었던 집에서 인도하여 낸 네 하나님 여호와니라.

　제일은, 너는 나 외에는 다른 신들을 네게 두지 말라.

　제이는, 너를 위하여 새긴 우상을 만들지 말고,
　　　또 위로 하늘에 있는 것이나, 아래로 땅에 있는 것이나,
　　　땅 아래 물속에 있는 것의 아무 형상도 만들지 말며, 그
　　　것들에게 절하지 말며, 그것들을 섬기지 말라.

　　　나 네 여호와 하나님은 질투하는 하나님인즉 나를 미워하는 자의 죄를 갚되, 아버지로부터 아들에게로 삼사 대까지 이르게 하거니와, 나를 사랑하고 내 계명을 지키는 자에게는 천 대까지 은혜를 베푸느니라.

　제삼은, 너는 네 하나님 여호와의 이름을 망령되게 부르지 말라.

　　　여호와는 그의 이름을 망령되게 부르는 자를 죄 없다 하지 아니하리라.

제사는, 안식일을 기억하여 거룩하게 지키라.

엿새 동안은 힘써 네 모든 일을 행할 것이나, 일곱째 날은 네 하나님 여호와의 안식일인즉, 너나 네 아들이나, 네 딸이나, 네 남종이나, 네 여종이나, 네 가축이나, 네 문 안에 유하는 객이라도 아무 일도 하지 말라. 이는 엿새 동안에 나 여호와가 하늘과 땅과 바다와, 그 가운데 모든 것을 만들고 일곱째 날에 쉬었음이라. 그러므로 나 여호와가 안식일을 복되게 하여, 그 날을 거룩하게 하였느니라.

제오는, 네 부모를 공경하라.

그리하면 네 하나님 나 여호와가 네게 준 땅에서 네 생명이 길리라.

제육은, 살인하지 말라.

제칠은, 간음하지 말라.

제팔은, 도둑질하지 말라.

제구는, 네 이웃에 대하여 거짓 증거하지 말라.

제십은, 네 이웃의 집을 탐내지 말라.

네 이웃의 아내나, 그의 남종이나 그의 여종이나, 그의 소나, 그의 나귀나, 무릇 네 이웃의 소유를 탐내지 말라.

(출20:1-17)

※ 주님께서 가르치신 계명

예수께서 이르시되, 네 마음을 다하고 목숨을 다하고 뜻을 다하여, 주 너의 하나님을 사랑하라 하셨으니, 이것이 크고 첫째 되는 계명이요, 둘째도 그와 같으니, 네 이웃을 네 자신 같이 사랑하라 하셨으니, 이 두 계명이 온 율법과 선지자의 강령이니라.

(마22:37-40, 막12:29-31)

2) 십계명의 성격은 하나님의 율법이며 명령입니다.

(1) 십계명은 하나님의 명령 즉 율법입니다.

① 십계명은 하나님께서 주신 말씀입니다. (출19:1-3, 출21-23)

　　a. 하나님께서 시내산에서 자신과 이스라엘 자손 사이에 모세 를 통하여 세우신 규례와 율법이었습니다. (레26:46)

　　b. 하나님께서 그 언약을 반포하시고 지키라고 명령하신 내용 이며, 두 돌판에 친히 쓰셨습니다. (신4:13, 10:4)

② 십계명은 증거판에 새겨진 계약의 말씀입니다. (출34:28)

　　a. 십계명은 증거판입니다. (출31:7, 32:15, 34:29)

　　b. 십계명은 계약의 석판입니다.
　　　(출24:12, 신4:13, 9:19,11,15)

　　c. 십계명은 증거궤관에 안치되었습니다.
　　　(출25:16,21, 40:20)

③ 십계명은 모세오경의 중심입니다. (출34:28, 신4:13, 10:4)

(2) 하나님께서 이스라엘 백성에게 십계명, 즉 율법을 주신 목적과 이유가 있습니다.

① 믿음의 백성들을 구별되게 하기 위함이었습니다.

　　a. 그들을 거룩한 백성이 되게 하기 위함이었습니다.
　　　(출19:6)

　　b. 그들을 열방 중에 제사장 나라가 되기 위함이었습니다.
　　　(출19:6)

　　c. 지도자와 백성들과 자녀들에게 하나님 경외하기를 배우도록 하기 위함이었습니다. (신7:18-20, 28:1-6, 31:12-13)

② 믿음의 백성들의 삶의 규범이 되게 하기 위함이었습니다.

　　a. 하나님에 대하여 믿음과 규례를 지키는 올바른 삶을 살

게 하기 위함이었습니다. (신27:26, 레26:46, 수22:5-6)

  b. 인간 공동체 사이에서 올바른 관계를 유지하여 질서를 지키도록 하기 위한 하나님의 법도였습니다. (잠29:18)

③ 인간을 행복하게 하기 위함이었습니다.

  a. 십계명은 인간을 속박함이 아니라 하나님의 법도 안에서 삶의 질서를 지킴으로 행복을 보장해 주시기 위하여 규범을 마련해 주신 것이었습니다.
(신31:9-13, 수1:7-8, 사51:4/ 비교, 딤전1:8-10)

  b. 궁극적으로 십계명은 인간에게 복을 주시기 위하여 하나님께서 규정하여 주신 것입니다. (신30:9-10, 렘6:19)

  c. 하나님을 사랑하고 하나님께서 주신 계명을 지키는 자는 천 대까지 은혜를 받게 됩니다. (신5:10)

(3) 십계명은 크게 두 가지로 그 구성이 나누어집니다.

① 십계명은 크게 하나님과의 관계와 이웃과의 관계 두 가지로 나누어집니다.

  a. 첫 번째 부분은 하나님과의 바른 관계에 대하여 설명하고 있습니다. (제1~5계명)

  b. 두 번째 부분은 인간공동체, 즉 이웃들과의 관계에 대하여 언급하고 있습니다. (제6~10계명)

② 십계명은 '하라'는 것과 '하지 말라는 것' 두 가지로 구성되어 있습니다.

  a. 십계명에는 하나님과 이웃과의 관계에서 '하라'는 명령, 즉 '지키라'는 강제적인 명령적 특성을 가진 항목이 있습니다. (제4, 5계명)

  b. 십계명에는 하나님과 이웃과의 관계에서 '하지 말라'는 명령, 즉 '금지'된 항목들이 있습니다. 이 계명을 지키지

않으면 하나님의 저주를 받게 됩니다.
(제1~3, 6~10계명)

(4) 십계명은 우리 그리스도인들이 지켜야 할 신성한 의무입니다.

① 하나님의 계명과 율법을 지키지 않는 것은 죄이며 저주를 받게 됩니다.
(출20:5,7, 신27:26, 28:58-62, 대하19:10, 렘44:23, 단9:11, 암 2:4, 마12:5)

② 인간의 모든 삶이 하나님과 연결되어 있음을 나타냅니다.
(출21-23)

③ 구약의 율법은 왕 뿐만 나이라 모든 이스라엘 백성들이 지켜야할 의무입니다. (신27:1, 31:2-13)

④ 율법은 하나님께서 이스라엘 백성들에게 지켜 행하도록 하셨기 때문에 모든 백성들이 이해하여야 했습니다.
(출16:14, 신27:26, 31:12-13, 대하17:9, 31:4, 느8:1-18, 호 4:6, 말2:9)

⑤ 모세는 시내산에서 하나님께서 주신 율법을 백성들에게 해석하여 주었습니다. 이 율법은 7년마다 열리는 민족의 성회에서 읽혀졌습니다. (출20:18, 신5:1, 31:1)

(5) 십계명이 담긴 율법은 우리를 그리스도에게로 인도하는 기준이 되며 결국 복음으로 완성이 됩니다.

① 믿음으로 율법을 굳게 세우게 됩니다. (롬3:31)

② 율법을 범한 사람들의 죄를 깨우쳐 줍니다. (롬7:7,12-13)

③ 율법은 우리를 그리스도에게로 인도하는 기준이 됩니다.
(갈3:24)

④ 성도들은 하나님의 자녀로서 율법을 지키게 됩니다.
(요일2:3, 5:2)

⑤ 계명을 지킴으로 하나님의 자녀의 모습을 보이게 됩니다.
 (요일5:3)

⑥ 사랑은 율법의 완성입니다. (롬13:10)
 하나님의 크신 사랑과 은혜로 인류에 대한 대속과 구속이
 이루어졌습니다. 예수님께서 십자가 위에서 인류를 위한 대
 속의 피를 흘리셨습니다. 이것이 바로 복음입니다. (롬1:2)

3) 십계명의 내용을 살펴보면 우리 그리스도들에 대한 삶의 교훈임을 알 수 있습니다.

제 1 계명 ● 나 외에 다른 신을 두지 말라.
제 2 계명 ● 우상을 섬기지 말라.
제 3 계명 ● 여호와의 이름을 망령되이 일컫지 말라.
제 4 계명 ● 안식일을 거룩히 지켜라.
제 5 계명 ● 네 부모를 공경하라.
제 6 계명 ● 살인하지 말라.
제 7 계명 ● 간음하지 말라.
제 8 계명 ● 도적질하지 말라.
제 9 계명 ● 거짓 증거하지 말라.
제10계명 ● 네 이웃의 것을 탐내지 말라.

1 제1계명(예배의 대상) : 나 외에 다른 신을 두지 말라.

● 너는 나 외에는 다른 신(神)들을 네게 두지 말라. (출20:3, 신5:7)

(1) 제1계명은 우리에게 오직 하나님만 예배할 것을 명령하
 고 있습니다.

 ① 제1계명은 하나님만이 유일한 신이심을 우리에게 가르쳐
  줍니다. (신6:4, 사37:16, 막12:29)

② 그리스도인은 다른 신을 섬겨서는 안 됩니다.
(출34:14, 신6:4, 8:19, 수24:20, 삿2:12, 왕상9:6, 11:4)

③ 그리스도인은 다른 신들의 이름조차 불러서도 안 됩니다.
(출23:13)

④ 레위기는 제1계명이 가르치는 하나님께 올바르게 예배를
드리는 방법에 대하여 설명합니다.

(2) 제1계명은 참 신앙의 기초가 됩니다.

① 만약 누구든지, 무엇이든지 하나님 보다 더 사랑하게 되
면 그것을 신으로 여기게 됨으로 우상이 됩니다. (빌3:19)

② 무엇보다 더욱 하나님을 두려워하고 사랑하며 신뢰하라는
뜻입니다. (소요리 문답 제46문)

③ 우리 자신을 우상에서 멀리하여야 합니다. (요일5:21)

(3) 결론적으로, 그리스도인은 오직 하나님만 경외하는 삶을
살아야 합니다. 마음을 다하고 성품을 다하고 힘을 다하여
하나님을 사랑하는 생활을 하여야 합니다.
(신6:4-5, 마22:37)

2 제2계명(예배의 형식) : 우상을 섬기지 말라.

• 너를 위하여 새긴 우상을 만들지 말고, 또 위로 하늘에 있는 것이
나, 아래로 땅에 있는 것이나, 땅 아래 물속에 있는 것의 아무 형
상도 만들지 말며, 그것들에게 절하지 말며, 그것들을 섬기지 말
라. (출20:4-6, 신5:8-10)

(1) 제2계명은 우상 숭배를 금지하고 있는 하나님의 절대적인
명령입니다.

① 우상을 섬기지 말라는 명령입니다. (출20:6, 신5:9)

② 우상은 보잘 것 없는 것이며, 헛된 것입니다. (사44:9-20)

③ 우상은 나무나 돌로 만들어져 깨어져 없어질 것들입니다.
우상은 나무나 돌, 은, 금으로 만들어진 신상을 의미합니
다. (신29:17, 삿17:3, 18:20/ 비교, 왕하21:7)

④ '우상을 만들지 말라'고 명령하고 있습니다.
(출20:4, 레26:1)

⑤ '아무 형상도 만들지 말라'고 명령하고 있습니다.
위로 하늘에 있는 것, 아래로 땅에 있는 것, 땅 아래 물 속에
있는 것, 아무 형상도 만들어서는 안 됩니다.
(출20:4, 레26:1, 신4:16-18)

⑥ '우상에게 절하지 말라'고 명령하십니다. (출20:5, 신5:9)
우상에게 절하는 것은 하나님께서 보시기에 우상을 숭배
하는 악한 행위입니다. (왕하21:21)
 ※ 구약성경에서 절을 한다는 것은 예배의 행위입니다.
  (출34:8, 삼상1:28, 대상16:29, 시5:7, 96:9/ 비교, 창37:9)

(2) 하나님께서 우상 숭배자를 벌하신다는 점을 분명히 말씀
하시고 계십니다.

① 우상을 만들어 섬기게 되면 하나님의 화를 유발하게 됩니
다. (신4:25)

② 우상 숭배자에게는 그 아버지의 죄를 자손 삼사 대까지 이
르게 하겠다고 하셨습니다. (출20:5)

③ 하나님께서는 '우상을 숭배하지 말라'는 계명을 지키는 자
를 '하나님을 경외하는 자'로 여기서서 자손 천대까지 은혜
를 베푸신다고 하셨습니다. (출20:6)

(3) 하나님께서는 하나님에 대한 경배의 표시로 우상에 대한
숭배를 금지하시고 계십니다.

① 성도들은 마음을 다하고 성품을 다하고 힘을 다하여 하나
님을 사랑하여야 합니다. (신6:4-5)

② 사람은 하나님과 재물을 겸하여 섬길 수 없습니다.
(마6:24)

③ 예수님께서 공생애를 시작하기 전에 받으신 시험은 빵, 권
력, 명예에 관한 것이었습니다. (마4:1-11)

④ 이 세상의 것들은 모두가 지나가는 것이므로 이를 사랑해
서는 안 됩니다. 이 세상을 사랑하게 되면 하나님의 사랑이
그 속에 있지 않게 됩니다. (요일2:15-17)

(4) 성경의 말씀에 비추어 보아 우상 숭배에 대한 의미를 다음
과 같이 확장해 볼 수 있습니다.

① 하나님 보다 더 사랑하는 것이 곧 우상이 된다고 볼 수 있
습니다. (빌3:19/ 비교, 신6:4-5, 눅14:25-27)

② 탐심이 곧 우상 숭배입니다. (골3:5)

③ 우상 숭배는 하나님께 드릴 예배를 우상에게 바치는 것을
두고 하는 말입니다. (신5:9/ 비교, 계12:12-15)

④ 이 세상이나 세상에 있는 것들을 사랑하게 되면 하나님의
사랑이 그 속에 있지 않게 됩니다.
(빌2:15-17/ 비교, 지혜서12:14)

⑤ 그리스도인은 재물을 섬겨서는 안 됩니다. 예수님께서 성
도들이 하나님과 재물을 함께 섬길 수 없다는 사실을 분명
하게 말씀하셨습니다. (마6:24)

(5) 결론적으로, 그리스도인들은 우상을 숭배해서는 안 됩니
다. 이는 하나님께서 금지하신 명령에 위배되는 하나님 보
시기에 죄악의 행위입니다.

3 제3계명(예배의 자세) : 하나님의 이름을 망령되이 일컫지 말라.

● 너는 네 하나님 여호와의 이름을 망령되게 부르지 말라. 여호와
는 그의 이름을 망령되게 부르는 자를 죄 없다 하지 아니하리라.
(출20:7)

(1) 거룩하게 드려지는 예배에서 하나님의 이름을 불렀습니다.

① 아브람(아브라함)이 하나님께 제단을 쌓고 처음으로 하나
님의 이름을 불렀습니다. (창12:8)

② 하나님께 드리는 제사(예배) 때에 하나님의 이름을 불렀습
니다. (창13:4, 26:25/ 비교, 21:33)

③ 하나님의 성전에 하나님의 이름을 영원히 두게 하였습니
다. (대하33:7/ 비교, 스6:12)

(2) 제3계명은 '하나님의 이름'에 대한 남용을 금지하고 있는
하나님의 명령입니다.

① 성경에서 하나님의 이름은 하나님과 동일하게 받아들여졌
습니다. (레21:6, 대상22:19)

② 성도는 여호와의 이름을 자랑하며 찬송하여야 합니다.
(시20:7, 69:30, 단2:20)

③ 여호와 하나님을 섬기되 '두려움과 떨리는 마음'으로 거룩
히 섬길 것에 대한 명령입니다. (레21:6)

④ 하나님의 이름을 경솔하고 부주의하게 사용하거나 그 이
름에 대한 두려움 없이 함부로 사용하지 말라는 경고입니
다. (삼상17:45)

⑤ 하나님의 이름을 헛되고 무가치한 대상에 적용시키는 것
을 금지하는 말씀입니다. 우상을 섬기는 행위나 헛된 맹세
로 하나님의 이름을 욕되게 해서는 안 됩니다.
(레18:21, 19:12)

⑥ 헛된 맹세 또는 거짓된 맹세를 금하는 말씀입니다.
   (레19:12, 마5:33-34)

(3) 제3계명의 교훈은 '하나님의 이름'조차도 성스럽게 받아들여야 함을 우리에게 가르치는 교훈입니다.

① 주기도문에서 '하나님'은 '하나님의 이름'으로 거룩하여지심을 우리에게 보여 주고 있습니다. (마6:9)

② 하나님의 이름을 망령되이(허무하고 거짓되이) 일컬어서는 안 됩니다. (출20:7)

③ 하나님의 이름을 망령되이 일컫는 것은 바로 죄가 됩니다.
   (출20:7, 신5:11)

④ 우리의 올바르지 못한 행동은 하나님의 이름을 욕되게 할 수 있습니다. (잠30:9)

(4) 결론적으로, 성도들은 하나님의 이름을 헛되이 함부로 불러서는 안 됩니다. 하나님은 거룩하신 분이시기 때문입니다. 성도들은 하나님의 존재에 대하여 그 이름조차도 거룩하신 분이심을 인식하여야 합니다.

4 제4계명(하나님의 날, 예배의 날) : 안식일을 거룩히 지키라.

● 안식일을 기억하여 거룩히 지키라. 엿새 동안은 힘써 네 모든 일을 행할 것이나, 일곱째 날은…… 안식일인즉…… 아무 일도 하지 말라. 이는 엿새 동안에 나 여호와가…… 모든 것을 만들고 일곱째 날에 쉬었음이라. 그러므로…… 안식일을 복되게 하여 그날을 거룩하게 하였느니라. (출20:8-11)

(1) 안식일은 하나님께 예배드리며, 하나님을 기쁘시게 하는 거룩한 날입니다. (출31:12-17)

① 안식일은 반드시 지켜야 합니다. (출20:8, 레26:2)

② 안식일은 하나님의 날이며, 하나님께 속한 날이므로 세속
적인 일을 중지하고 쉼으로써 이를 거룩하신 하나님께 드
린다는 의미입니다. (창2:2, 출16:23,29-30, 31:12-15)

③ 안식일은 '하나님을 위한 날' 즉 '하나님께 영광을 돌리는
거룩한 날'로 '하나님께 속한 날'입니다. 안식일을 범하는
자는 생명을 끊도록 명령하셨습니다. (출31:14)

④ 안식일은 하나님의 선물입니다. (출16:29)

⑤ 안식일의 주인은 주님이십니다. (막2:28)

⑥ 예수님께서도 안식일에 회당에 가셔서 성경을 읽으셨습
니다. (눅4:16)

⑦ 예수님께서 안식일에 병자를 고치셨습니다.
(마12:9-13, 막3:1-5, 눅6:6-11)

⑧ 안식일은 하나님의 성일로 사행성 오락이나 게임에 빠져
서는 안 됩니다. (출31:14, 사58:13-14)

(2) 제4계명, 즉 안식일의 기원은 하나님께서 우리에게 일주일
중 하루를 쉬도록 명령하셨기 때문입니다.

① 하나님께서 일곱째 날을 복을 주시고 거룩하게 하셨는데
이는 하나님이 그 창조하시며, 만드시던 모든 일을 마치시
고 이 날에 안식하셨기 때문입니다. (창2:2-3)

② 엿새 동안 힘써 일한 후 안식일은 일을 하지 말고 쉴 것을
지시하였습니다. 안식일에 쉬기 위해서는 엿새 동안 열심
히 일하여야 합니다. (출20:9-10)

③ 안식일은 가정 모두가 지켜야 합니다. (출20:10)

④ 이스라엘 백성이 광야를 지날 때에 하늘에서 만나가 6일
동안 내리고 일곱째 날에는 내리지 않았으며, 여섯째 날에
는 갑절로 거두도록 허락하셨습니다. (출16:22)

(3) 오늘날 안식일은 주일로 지킵니다.

① 안식일이 주일이 된 이유는 그리스도께서 십자가에 달려 죽으셨다가 부활하신 사실을 기념하기 위해서입니다. (마28:1, 눅24:1-12, 막16:9, 요20:1)

② 주일은 예수님께서 부활하신 날, 성령님께서 강림하심으로 초대 교회가 시작된 날입니다. (요20:19, 행2:1-12)

③ 일주일 중 첫 번째 날을 가장 축복된 날로 여기며 예배를 드린 초대 교회의 전통에서 시작되었습니다. (행2:1, 20:7)

④ 이 날은 주님의 날로 지켜졌습니다. (행20:7, 고전16:2)

⑤ 그리스도인들이 주님의 날에만 모여 예배를 드리기 시작함으로써 안식일은 주일을 지키는 것으로 대체 되었습니다. (요20:19/ 비교, 골2:16)

⑥ 이는 그리스도께서 우리를 위하여 십자가에 달려 우리 죄를 위하여 화목제물이 되셨기 때문입니다. (요일2:2, 4;10, 롬3:25) 오늘날은 소나 양의 희생제물은 폐지되었고, 거룩한 백성의 표인 할례를 세례로, 구속을 기념하던 유월절은 성만찬으로 안식일은 주일로 대체 되었습니다.

⑦ 안식일의 주인은 주님이시며, 또한 주님께서는 주일의 주인이 되십니다. (막2:28/ 비교, 계1:10)

5 제5계명(자식의 도리) : 네 부모를 공경하라

● 네 부모를 공경하라. 그리하면 너의 하나님 나 여호와가 네게 준 땅에서 네 생명이 길리라. (출20:12)

(1) 제5계명은 사람에 대한 첫째 계명으로 부모에 대한 자식의 도리를 규정한 계명입니다.

① 제5계명은 약속이 있는 첫째 계명으로 부모를 공경하면 하나님께서 주신 땅에서 생명이 길게 될 것이라는 조건이 첨가되어 있습니다. (출20:12, 엡6:1-2)

② 성경은 부모를 거역하는 죄악을 하나님을 거역하는 죄악과 동일 시 하고 있음을 보여 줍니다.
(참조, 레20:9, 24:15-16)

(2) 부모를 공경하는 자가 복을 받게 됩니다.

① 하나님이 주신 땅에서 생명이 길고 복을 누리게 될 것입니다. (신5:16, 렘35:19)

② 부모를 순종하는 것은 주님을 기쁘게 해 드리는 일입니다.
(골3:20, 새번역 성경 참조)

(3) 부모를 거역하는 것은 죄악입니다.

① 아버지나 어머니를 저주하는 자는 반드시 죽이도록 명령하고 있습니다. (레20:9, 마15:4)

② 아버지의 말씀을 듣고 따르고, 어머니의 말씀을 가볍게 여겨서는 안 됩니다. (잠23:22)

③ 부모를 경홀히 여기는 자는 저주를 받게 됩니다.
(신27:16)

④ 아버지를 조롱하며 어머니 순종하기를 싫어하는 자의 눈은 골짜기의 까마귀에게 쪼이고 독수리 새끼에게 먹힌다고 경고하고 있습니다. (잠30:17)

⑤ 부모를 거역하는 행위는 그 마음에 하나님 두기를 싫어하여 하나님께서 그 상실한 마음대로 내버려 두서서 합당하지 못한 일을 하게 하셨기 때문에 나타나는 것입니다.
(롬1:28-32)

6 제6계명(생명의 신성) : 살인하지 말라.

● 살인하지 말라. (출20:13)

(1) 제6계명은 사람의 생명을 보호하기 위한 계명입니다.

① 살인이란 고의적 살인과 원한 살인, 모의까지도 포함하는 말입니다. (출21:14, 레19:14,17-18, 24:17, 신22:8)

② 사람은 사람의 형상대로 지음을 받았으므로 누구든지 사람을 죽인 자는 죽임을 당해야 하는 엄벌에 처해졌습니다. (창9:6)

③ 역사에 대한 최초의 살인은 가인이 그 동생 아벨을 죽인 것입니다. 성경은 가인이 악한 자, 곧 사탄에게 조종을 당하여 살인한 것이라고 말합니다. (창4:8, 요일3:12)

④ 예수님은 마귀가 최초의 살인자임을 말씀하셨습니다. (요8:44)

(2) '살인하지 말라'는 계명에는 다른 사람의 생명과 인격을 보호하려는 의미가 담겨져 있습니다.

① 살인은 사람의 마음으로부터 나오는 것입니다. (마15:19, 막7:21)

② 타인의 명예와 인격을 모독하거나 손상하지 말아야 합니다. (마5:21-22)

③ 타인의 육체를 살해하지 말라는 말입니다. (창9:6)

④ 타인의 영혼을 실족케 하지 말하는 뜻입니다. 다른 사람을 타락케 하거나 신자를 유혹하여 실족하게 하지 말아야 합니다. (마18:6)

⑤ 천하보다 귀한 생명의 가치를 존중하여야 합니다. (마16:26)

(3) 사람을 죽인 행위 이외에도 살인에 해당하는 행위가 있다
는 사실을 성경은 교훈합니다.

① 그 형제를 미워하는 자마다 살인하는 자라고 하였으며 영
생이 그 속에 거하지 않게 된다고 하였습니다. (요일3:15)

② 노하고 욕하는 행위도 살인과 같은 행위로 보았습니다.
노의 감정이나 증오는 살인의 원인이 아니라 살인의 시작
이기 때문입니다. (마5:21-22)

③ 예수님을 죽음에 내어준 행위도 살인에 해당이 됩니다.
의인을 모함하고 박해하여 죽음에 내어주는 행위도 살인
에 해당함을 알 수 있습니다. (행7:52)

(4) '살인하지 말라'는 명령은 사람을 죽이는 모든 행위가 다 살
인죄로 정죄에 해당한다는 뜻은 아닙니다.

① 하나님께서는 하나님의 율법을 어긴 자를 죽이는 것은 합
법적인 행위였습니다. (레24:14, 신22:21)

② 정당한 전쟁에 의한 살생은 살인이 아니라고 보았습니다.
(민31:7-9, 신20:13-17/ 비교, 히11:33)

③ 원수를 갚는 행위는 허락된 경우도 있습니다. (민35:18)

④ 도적이 뚫고 들어오는 것을 보고 그를 죽이는 경우와 같은
정당방위는 살인으로 보지 않았습니다. (출22:2)

⑤ 살인의 의도가 없이 단순한 실수로 인한 것일 때에는 도피
성을 두어 피하도록 하여 사형을 면하게 하였습니다.
(민35:11,15, 수20:1-3)

(5) 우리가 살인의 마음을 품지 않으려면 마음의 화평과 원수
를 사랑하는 마음을 가져야 합니다.

① 원수까지도 사랑하는 마음을 가져야 합니다. 사랑만이 시

기와 미움의 마음을 이길 수 있기 때문입니다.
(마5:44, 18:21-35/ 비교, 레19:17-18)

② 시기의 마음을 버리고 화평한 마음을 소유하도록 노력하
여야 합니다. 마음의 화평은 육신의 생명이나, 시기는 뼈의
썩음이기 때문입니다. (잠14:30)

③ 분을 내어도 죄를 짓지 말며 해가 지도록 분을 품지 말아
야 합니다. (엡4:26)

7 제7계명(가정의 신성) : 간음하지 말라

● 간음하지 말라. (출20:14)

(1) 제7계명은 가정의 신성과 행복을 지키기 위하여 하나님께
서 우리에게 주신 계명입니다.

① 간음은 하나님의 질서에 어긋나는 행위입니다. (창2:24)

② 다른 사람의 아내와 통간하는 음행으로 자기를 더럽히지
말아야 합니다. (레18:20, 고전6:18)

③ 간음함으로 세상과 벗된 것은 결국 하나님과 원수가 됩니
다. (약4:4)

④ 예수님께서는 간음을 하고자 하는 생각을 품는 것과 버림
받은 여자와 결혼하는 것까지 간음한 행위로 간주하셨습
니다. (마5:28, 5:32)

⑤ 하나님의 심판을 면할 수 없는 죄입니다. (히13:4)

⑥ '간음하지 말라'는 말씀 속에는 간음과 음행, 즉 강간, 남색,
동성연애, 근친상간, 매음행위 등 모든 성범죄를 포함하고
있는 말입니다. (레20:10-23, 고전5:1, 6:15-16)

⑦ 모세의 율법에서 간음을 행한 사람은 누구든 죽이도록 명
령하였습니다. (레20:10, 신22:22-28/ 비교, 딤전1:9-10)

(2) 선지자들에 의하여 하나님과 선민 이스라엘 사이를 부부 관계로 비유하여 영적인 간음을 정죄합니다.

① 영적인 간음은 우상 숭배와 하나님에 대한 불신을 가리키는 말로 표현하고 있습니다. (대상5:25, 사57:3, 렘3:8-9)

② 하나님과 선민 이스라엘 사이를 부부 관계로 표현하고 하나님의 신부로서 정절을 잃어버린 이스라엘을 영적인 간음을 한 아내로 표현하여 꾸짖고 있습니다.
(사54:5, 62:4-5, 렘3:2, 5:7, 겔16:32, 23:27,43, 호2:4, 9:1)

③ 하나님께서 이스라엘을 위해 그 모든 언약을 이행하였음에도 그들이 하나님의 면전에서 행음하였습니다. (호7:4)

④ 신약성경은 교회와 그리스도와의 관계를 부부로 비교하여 교회의 영적인 정절, 즉 거룩하고 흠이 없을 것을 명령합니다. (고후11:1-2, 엡5:24-28, 계19:7, 21:9)

(3) 성경은 우리에게 음행을 금지하는 이유를 설명합니다.

① 음행을 금지하는 것은 성령의 전인 우리의 몸에 죄를 범할 뿐만 아니라 영혼까지도 망하게 하기 때문입니다.
(고전6:18-19)

② 간음은 침소를 더럽히고 가정을 파괴하기 때문에 금지하는 것입니다. (히13:4)

③ 간음하는 자는 하나님의 나라를 유업으로 받지 못하게 됩니다. (고전6:9-10)

④ 창녀와 합하는 자는 저와 한 육체를 만들게 됨으로 창녀를 찾아서는 안 됩니다. (고전6:15-17)

⑤ 음행으로 몸과 심령이 더러워진 영혼들은 불과 유황으로 타는 불못에 던져지게 되는 둘째 사망에 들어가게 됩니다.
(계21:8/ 비교, 레11:45, 계20:13-16)

(4) 결론적으로 제7계명은 부부 간에 신뢰를 저버리지 말고 사
랑으로 살아가라는 의미입니다.

① 부부 관계에서 가장 신뢰하고 사랑해야 할 대상은 자신의
반려자입니다. (마19:5, 엡5:22-25)

② 주님의 나라는 깨끗한 사람들이 들어가는 거룩한 나라이
기 때문입니다. (레11:45, 계21:8)

※ 다윗의 밧세바에 대한 간음 사건과 남편 우리야를 죽음으로 몰게 한
사건은 율법에 의하면 죽음에 처하여야 할 아주 커다란 죄를 저지
른 사건이었습니다. 다윗은 회개함으로 하나님으로부터 사하심을
받았으나, 그 결과로 첫째 아기는 하나님의 징계로 죽음에 이르렀
고, 둘째 태어난 아들은 솔로몬으로 후일 하나님의 성전을 건축하게
되는 하나님의 은혜의 역사가 있었습니다. 우리는 이 사건을 통해서
간음의 죄는 회개와 예수 그리스도의 사랑을 통해서 구원을 받을 수
도 있다는 사실을 다시 한 번 이해하게 됩니다.

8 제8계명(재산과 권리의 보장) : 도적질하지 말라

● 도적질하지 말라. (출20:15)

(1) 제8계명은 이웃의 소유물, 재산권 보호를 위한 계명으로
남의 물건을 도적질하지 말라는 명령입니다.

① 도적질하는 것은 다른 사람의 것을 훔치거나 빼앗아 가지
는 것을 의미합니다. (눅10:30)

② 도적은 남의 재산을 훔치거나 빼앗는 자로서 좀도둑과 노
상강도를 포함합니다. (눅10:30, 요12:6)

③ 아담과 하와는 하나님께서 금하신 선악과를 먹음으로써
최초의 도적이 되었습니다. 인간에 의해서 최초의 저질러
진 죄가 도적질이었음을 보여 줍니다. (창3:6)

④ 이스라엘 백성이 가나안 땅에 들어갔을 때, 최초로 저질러

진 범죄가 '아간'의 도적질이었습니다. (수7:21)

⑤ 예수님의 제자인 가룟 유다는 주님의 일을 하면서 도적질 하였습니다. (요12:6)

⑥ 초대 교회의 '아나니아'와 '삽비라'는 하나님께 드리려고 작 정했던 헌금을 몰래 빼돌려 도적질하고 말았습니다. 하나 님께 드려질 헌물(금)을 다른 곳에 쓰는 경우 이것이 도적 질이 아닌지 곰곰이 생각해 보아야 합니다. (행5:2)

(2) 성경이 말하는 도적질의 개념은 단순히 물건을 훔치거나 빼앗은 것만을 말하는 것은 아닙니다.

① 기본적으로 다른 사람의 물건을 훔치거나 빼앗는 것을 도 적질이라고 말합니다. (수7:21, 눅10:30, 행5:2)

② 착취나 고리대금을 받고 돈을 빌려주는 것도 도적질에 해 당됩니다. (암8:5)

③ 사기 · 횡령도 도적질에 속합니다. (미2:2)

④ 품질이나 물량을 속이는 것도 도적질입니다. (미6:11)

⑤ 성경은 성도들이 하나님께 드려야 할 십일조와 헌물을 하 나님께 드리지 않고 다른 곳에 쓰는 것도 도적질임을 지적 합니다. (말3:8-9)

⑥ 하나님께서 받아야 할 영광이나 다른 사람이 받아야 할 칭 찬을 가로채는 것도 도적질입니다.
(잠3:27, 말3:8-9/ 비교, 욥32:21, 시115:1, 단5:23, 행12:23, 계16:9)

⑦ 고용인 학대와 임금체불 등은 도적질에 해당합니다.
(신24:14, 사3:15, 약5:4)

⑧ 남의 물건을 악평하거나 지나치게 싸게 사려는 것도 도적 질로 보아야 합니다. (잠20:4,10,17)

(3) 도적질에 대한 형벌은 배상과 사형입니다.

　① 도적질에 대한 형벌은 물건을 훔치거나 착취한 때에는 그
　　것의 5배에 해당하는 배상을 하도록 되어 있습니다.
　　(출22:1-4)

　② 사람을 유기 납치한 경우에는 사형에 처하도록 하였습니
　　다. (신24:7)

(4) 도적질의 원인은 욕심과 탐심입니다.

　① 욕심과 탐심이 도적질을 하게 합니다. 아담과 하와는 탐심
　　이 생겨 금지된 선악과를 먹었습니다. (창3:6, 수7:21)

　② 마귀의 유혹 때문에 도적질하게 됩니다. 가룟 유다와 아나
　　니아와 삽비라 모두 마귀의 유혹 때문에 도적질하였습니
　　다. (요13:27, 행5:2-3)

　③ 게으름 때문에 도적질하게 됩니다. 도적질하는 자는 제 손
　　으로 힘써 일하여 얻은 소득으로 선한 일을 하며 살아야 할
　　것입니다. (잠26:15, 엡4:28)

(5) 제8계명의 교훈은 하나님께 드려야 할 것을 드리지 않고
　도적질해서는 안 된다는 것을 보여 줍니다.

　① 성도는 십일조나 헌물과 같은 하나님께 드릴 것을 도적질
　　해서는 안 됩니다. 저주에서 벗어나지 못하게 됩니다.
　　(말3:8-9)

　② 하나님께 드릴 헌물을 도적질해서는 안 됩니다. 하나님의
　　진노하심을 받게 됩니다. 엘리 제사장의 두 아들들이 하나
　　님의 헌물을 도적질함으로써 결국 하나님의 징계를 받아
　　비참한 죽음을 맞고 말았습니다. (삼상2:27-34)

　③ 하나님께 돌려야 할 영광을 가로채서는 안 됩니다. 헤롯이
　　하나님께 영광을 돌리지 않아 벌레가 먹어 죽게 되었습니

다. (행12:23)

④ 하나님으로부터 재산을 여유 있게 허락받은 사람이 그 재
산을 남을 위해 사용하지 않는 것은 도적질이 됩니다. 하
나님께서 우리에게 물질을 여유 있게 주신 이유는 그 물질
로 다른 사람의 부족함을 채우라는 뜻이 있다는 사실을 명
심해야 합니다. (고후8:14)

(6) 제8계명의 교훈은 하나님뿐만 아니라 이웃과의 관계나 상
거래에서도 정직하며 성실해야 한다는 점을 보여 주고 있
습니다.

① 부적절한 상거래로 도적질하는 것은 죄가 됩니다.
(레19:35)

② 빌리고 갚지 않은 것은 도적질로 간주됩니다. (시37:21)

③ 고용인이 품삯을 떼어 먹는 행위는 도적질이 됩니다.
(약5:4)

④ 높은 이자를 받아 부를 축적하는 행위는 도적질이 됩니다.
(출22:25)

⑤ 다른 사람이 하나님께 드린 헌금(물)을 잘못 쓸 데 하나님
의 징계를 받게 되어 결국 저주의 죽음을 맞게 된 예가 있
습니다. (삼상2:27-34)

(7) 결론적으로 우리 성도들은 성실과 근면한 바른 생활을 해
야만 합니다.

① 부지런히 일하며 근면하게 생활하고 정직한 직업을 가지
는 것이 바람직한 일입니다. (살후3:10)

② 열심히 일한 소득으로 생활하고 나아가서는 궁핍한 자를
구제하는 선한 생활을 해야 합니다. (엡4:28)

③ 탐심을 버리고 현재 소유한 것으로 만족하며, 하나님께 감사하는 생활을 하여야 합니다. (빌4:11-12)

④ 아굴의 잠언처럼 허탄과 거짓말을 멀리하고 탐심이 일어나지 않는 적정한 부를 누리도록 항상 기도하는 생활을 하여야 합니다. (잠30:8-9)

⑨ 제9계명(재산과 명예의 보장) : 거짓 증거하지 말라.

● 네 이웃에 대하여 거짓 증거하지 말지니라. (출20:16)

(1) 제9계명은 위증, 즉 거짓 증언을 해서 남에게 손해를 끼치지 말라는 말입니다.

① 거짓말은 본래 마귀가 행한 범죄였습니다. (요8:44)

② 거짓말은 특별히 하나님께서 미워하십니다. (슥8:17)

③ 거짓 증언(위증)은 남의 명예를 훼손시키는 범죄 행위이며 때로는 사람의 목숨을 앗는 일까지 초래할 수 있습니다. 구약성경의 나봇의 포도원 사건은 대표적이 위증 범죄의 한 유형이라고 할 수 있습니다. (참조, 왕상21:13)

④ 거짓 증언은 상대방에게 돌이킬 수 없는 피해를 주게 됩니다. (민35:30, 신19:16-19)

⑤ 예수님께서도 위증으로 인하여 고초를 당하셨습니다. (마26:60-61, 막14:56-58)

⑥ 모세의 율법은 어떤 사람의 증언이 거짓으로 판명나게 되면, 그 위증인 피고인이 받을 형벌을 대신 받도록 규정하고 있습니다. (신19:18-20)

(2) 성경은 거짓 증언하는 사람들에 대한 경고의 말씀을 기록합니다.

① 두루 다니며 한담하는 자는 남의 비밀을 누설하는 사람으로 사귀지 말라고 경고하고 있습니다. (잠20:19)

② 이웃 사람들에게 돌아다니며 사람을 논평하지 말며, 이웃을 죽일 지경에 이르게 하지 말라고 하나님께서 말씀하십니다. (레19:15)

③ 대제사장들과 온 공회가 예수님을 죽이려고 모의할 때에 거짓 증언이 있었음을 보여 줍니다. (마26:59-60)

④ 모든 거짓말의 배후에는 사단의 유혹과 조정이 있음을 알아야 합니다. (요8:44)

(3) 그리스도인은 말에 항상 주의를 기울여야 함을 알 수 있습니다.

① 사람이 무슨 말을 하든지 심판 날에 심판을 받게 됨을 알아야 합니다. (마12:36)

② 혀는 불같으며, 불의가 가득하여 우리 온 몸을 더럽히므로 혀를 쓰기를 주의해야 합니다. 이는 말을 항상 조심해야 한다는 말입니다. (약3:6)

③ 경우에 맞는 말을 하고, 말에 실수를 하지 않도록 하며, 혀를 금하여 악한 말을 하지 말아야 합니다.
(잠25:11, 약3:2, 벧전3:10)

10 제10계명(십계명의 결론) : 네 이웃의 소유를 탐내지 말라.

● 네 이웃의 집을 탐내지 말라. 네 이웃의 아내나, 그의 남종이나 그의 여종이나, 그의 소나, 그의 나귀나, 무릇 네 이웃의 소유를 탐내지 말라. (출20:17)

(1) 제10계명은 탐욕을 금지하는 명령으로 모든 계명의 결론과 요약이 됩니다. 이전 아홉 가지 계명은 행동 강령인데

비하여 제10계명은 마음을 다스려야 하는 강령입니다.

① 탐욕과 탐심은 물질적인 것과 정신적인 것까지도 포함하는 말입니다. (마23:25, 막7:22, 엡5:3)

② 그리스도인은 무엇인가를 탐내어 가지려고 하는 탐심을 물리쳐야만 합니다. (출20:17, 롬7:7)

③ '네 이웃의 소유를 탐내지 말라'라는 말은 다른 사람의 소유권의 인정을 강조하고 있음을 보여 줍니다. (출20:17)

④ 온갖 더러운 것과 탐욕은 그 이름이라도 부르지 말라고 경고하고 있습니다. (엡5:3)

⑤ 탐심은 우상 숭배입니다. 탐하는 자와 우상 숭배자는 하나님의 나라를 유업으로 받지 못합니다. (골3:5, 엡5:5)

⑥ 아담과 하와가 저지른 인류 최초의 범죄도 하나님과 같이 되고자 하는 탐심 때문이었습니다. (창3:1-6)

⑦ 예수님도 마귀로부터 받은 시험에서 이 세상의 명예에 대한 탐심을 이기셨습니다. (마4:1-11, 눅4:1-14)

(2) 탐심은 우상 숭배와 간음, 도적질과 같은 모든 죄를 일으키는 근원이 됩니다.

① 탐심은 우상 숭배이므로 버려야 합니다. 욕심이 죄를 낳고, 죄가 사망을 낳게 됩니다. (약1:15)

② 사람의 중심을 살피시고 감찰하시는 주님을 의지해야 인간의 지체에서 나오는 탐심을 죽이고 하나님을 기쁘시게 해 드릴 수 있습니다. (삼상16:7, 살전2:4, 골3:5)

③ 탐심은 죄악의 뿌리가 됨으로 탐심을 버려야 합니다. (약1:15)

④ 탐심은 만족함이 없는 끝없는 탐욕의 죄로 빠져들게 함으로 이를 멀리하여야 합니다. (전5:10)

⑤ 탐심을 물리쳐야 합니다. 사람의 생명이 그 소유의 넉넉함
에 있지 않기 때문입니다. (눅12:15)

4) 결론적으로 십계명의 완성은 예수님께서 가르치신 사랑을 실천하는 데 있음을 알 수 있습니다.

● 예수께서 이르시되, 네 마음을 다하고 목숨을 다하고 뜻을 다하여,
주 너의 하나님을 사랑하라 하셨으니, 이것이 크고 첫째 되는 계명
이요. 둘째도 그와 같으니 네 이웃을 네 자신 같이 사랑하라 하셨으
니, 이 두 계명이 온 율법과 선지자의 강령이니라.
(마22:37-40/ 비교, 막12:29-31)

(1) 십계명에서 강조하는 가장 큰 정신은 거룩한 하나님에 대
한 경외와 사랑입니다.

(2) 또한 하나님을 사랑하는 것처럼 이웃에 대하여도 하나님
의 거룩한 사랑의 마음을 가지고, 사랑을 실천하며 사는
것입니다.

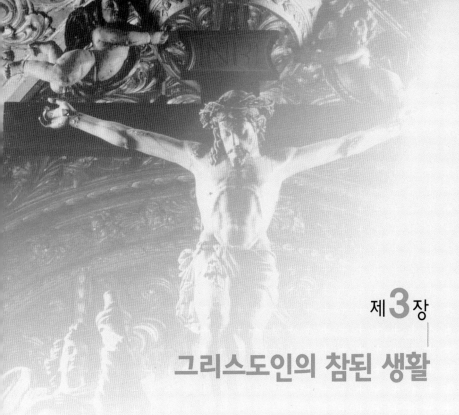

제3장

그리스도인의 참된 생활

이 장에서는 성경이 우리에게 가르치는 그리스도인
의 삶이 어떤 것인지 알아봅니다. 하나님을 섬기는 삶
의 자세뿐만 아니라, 가정과 사회, 그리고 경제생활까
지도 하나님의 말씀의 비추어 어떤 삶을 살아야 하는지
를 살펴보게 됩니다. 하나님의 성품에 이르는 거룩한
인격의 삶으로 여러분은 변화하게 될 것입니다.

✝

범사에 네 자신이 선한 일의 본을 보이며
교훈에 부패하지 아니함과 단정함과 책망할 것이 없는
바른 말을 하게 하라
이는 대적하는 자로 하여금 부끄러워
우리를 악하다 할 것이 없게 하려 함이라. (딛2:7)

그리스도인들의 참된 생활에 대하여

교회의 성도들이 어떤 삶을 살아야 하는가 하는 문제를 논의하는 것은 근본적으로 그리스도인들이 가져야할 삶의 윤리 문제를 다루는 것을 의미합니다. 십계명이 인간의 윤리 문제를 정하여 따르게 하고 있지만, 더 구체적인 인간의 삶의 방법을 설명하는 것은 신약성경에 기록된 사도들의 편지 입니다.

거룩한 성령님의 영감을 통하여 쓰여진 성경은 그리스도인 삶의 지평을 제시합니다. 그러나 신약성경의 대부분이 편지인 서간문이기 때문에 그리스도인의 삶의 태도를 토막토막 성경 이곳저곳에 산재하여 설명하고 있습니다.성경은 처음 교회에 일어났던 크고 작은 일들에서 그리스도인으로서 어떻게 사는 것이 올바른 것인지를 권면하고 깨우칩니다. 뿐만 아니라 구약성경의 잠언은 인간이 어떻게 어려움을 극복하고 올바르게 살아야 하는지를 직접적으로 설명하기도 합니다.

그리스도인이 근본적으로 어떻게 생활하여야 하는 것인지, 그리스도인의 성품은 어떤 것인지, 즉 어떤 모습을 담은 그리스도인이 되어야 하는지는 이 장을 통해서 알 수 있습니다. '그리스도를 본받아' 하고 외친다면, 아마 이 장에서 그리스도인의 바른 성품이 주님께로부터 주어지는 것이며, 주 하나님을 섬기는 삶의 자세에서 오는 것임을 알 수 있을 것입니다. 그리스도의 성품을 가진 사람이 주 하나님을 섬기는 삶을 살게 될 것이며, 선한 생활을 유지하게 될 것이기 때문입니다.

그리스도인은 선한 삶을 삶으로써 성결한 삶을 살아야 합니다. 더 나아가서 이 삶 때문에 고난을 받는 생활을 받을 수밖에 없을 것이며, 예수 그리스도 때문에 이 고난이 오더라도 경건한 삶을 살아가게 될 것입니다. 믿음 때문에 순교의 죽음의 순간을 영광스럽게 맞이하는 경우도 있게 될 것이며, 이것이 그리스도인의 경건한 삶과 거룩한 삶의 궁극적 귀결점이 될 것입니다.

하나님께서 허락하신 믿음의 가정은 복된 그리스도인의 가정의 행복과, 또한 믿음의 사람들이 어떤 삶의 방식으로 가정을 꾸려가야 하는가를 이해하게 할 것입니다. 또한 그리스도인의 참된 생활은 개인적인 인격과 교양뿐만 아니라, 가정에서부터 자녀에 대한 교육이 시작되고, 앞으로 믿음을 유지하며 살아갈 수 있는 원동력을 제공하고 있다는 사실을 알게 될 것입니다.

이 세상을 살아가는데 있어 돈은 매우 중요한 생활 수단입니다. 성경은 크게 드러내지 않지만, 그리스도인의 경제와 생활질서 윤리를 다양한 방법으로 교훈합니다. 예수님의 교훈에서도 돈이 주제임을 알 수 있고, 이것이 교훈이 되어 우리가 어떻게 살아가야 하는지를 알게 합니다. 그리스도인의 경제생활의 윤리를 살펴보고, 궁극적으로 그리스도의 복된 삶을 누림과 동시에 사회적 책임이 따르는 그리스도인의 삶이 무엇인지를 이 장에서 살펴봅니다.

그리스도인의 삶은 '하라'고 하여 마지못해 사는 삶이 아니며, 그리스도 예수 안에서, 더욱 적극적이며 미래 지향적인 삶을 사는 것을 의미합니다. 여러분은 이 장에서 미래 지향적이고도 긍정적인 그리스도인의 삶의 자세와 가치를 배울 수 있게 될 것입니다.

1. 그리스도인은 어떻게 생활해야 할까요?

그리스도인은 어떻게 살아가야 할까요? 성경은 우리 그리스도인들에게 그리스도 안에서 생활하라고 권면하고 있습니다. 그리스도 안에서 생활하여야 한다면 그 의미는 무엇이며, 그리스도인에게 필요한 것은 무엇일까요? 이 장에서는 그리스도인이 살아가는 생활 양식이 무엇인지 살펴봅니다.

1) 그리스도인의 생활 양식은 '그리스도 안에서의 생활'입니다.

(1) '그리스도 안'에서 거한다는 말은 우리가 예수님의 말씀 안에서 순종하며 따르며 생활한다는 것을 의미합니다.

① 그리스도 안에 거한다는 것은 믿음의 사람들이 회심 후에 그리스도인이 되는 것을 의미합니다. (롬16:7)

② '그리스도 안'이라는 의미는 성도가 영적인 체험을 가지는 것임을 의미하기도 합니다. (고후12:2)

③ '그리스도 안'에 거한다는 의미는 우리가 '그분' 안에 거함과 동시에 그분이 '우리 안'에 거하는 것을 말합니다. (요15:7, 갈2:20)

④ '그리스도 안'에 거한다는 말은 우리가 예수 그리스도와 함께 죽음과 장사됨, 부활, 승천과 연관되어 있다는 것을 의미합니다. (롬6:4-11, 고후5:14, 갈2:20, 엡2:6, 골2:13-13)

(2) 하나님은 '그리스도 안'의 우리를 바라보시고 계십니다.

① 그리스도 안에서의 생활은 그분의 예정하심과 함께 시작되

었습니다. (엡1:4)

② 그리스도 안에서의 생활은 우리의 소명과 의로워짐과 함께 지속되어지는 것입니다. (고후5:21)

③ 우리가 영화될 때 완성될 것입니다. (롬8:30)

(3) 그리스도 안에서의 생활은 성결하고도 거룩함을 추구하는 생활로 더욱 그리스도를 닮아가는 생활입니다.

① 그리스도 안에서의 생활은 믿음에 굳게 서게 됨으로 감사가 넘치는 생활입니다. (골2:6-7)

② 그리스도 안에서의 생활은 믿음을 실천하는 생활로 예수 그리스도께서 가르치신 사랑의 계명을 지키는 생활입니다. (요15:4,7,9-10,12,15)

③ 그리스도 안에서의 생활은 성령님을 근심하지 않게 하는 생활입니다. 성령을 근심하게 하는 생활은 악독과 노함과 분냄, 떠드는 것과 훼방하는 것, 인색하거나 상대방의 죄를 용서하기를 거부하는 것들입니다. (갈5:20, 엡4:31-32, 골3:8, 3:13, 히2:15, 약2:14)

④ 그리스도 안에서의 생활은 율법의 완성인 사랑을 실천하고, '땅에 있는 지체'에 속한 것을 죽이는 생활입니다. (롬13:9-10,12-14, 고전13, 골3:5)

⑤ 그리스도 안에서의 생활은 시험을 기쁘게 여기고 끝까지 인내하는 생활입니다. (약1:2-4)

⑥ 그리스도 안에서의 생활은 빛 가운데로 행하는 생활입니다. (요일1:7)

⑦ 그리스도 안에서의 생활은 매일 하나님의 얼굴(그분의 승인)을 구하고 성령님으로 충만해진 생활입니다. (시27:8, 눅11:9-13, 롬8:9, 엡5:18)

⑧ 그리스도 안에서의 생활은 더욱 그리스도를 닮아가는 생활입니다. (벧전2:20, 요일2:6)

2) 그리스도인의 생활 양식은 십자가를 지는 생활입니다.

(1) 그리스도인은 십자가를 지는 생활을 하여야 합니다.

① 십자가를 지는 것은 곧 예수 그리스도에 대한 대속의 죽으심과 피 흘리심으로 속죄하심에 대한 믿음의 응답이기 때문입니다. (롬3:25-26)

② 십자가를 짐으로 예수님의 말씀과 명령을 준행하는 것이기 때문입니다. (마16:24)

③ 그리스도인이 십자가를 지는 생활을 하여야 하는 이유는 십자가가 복음의 핵심이기 때문입니다. 예수님께서 이 땅에 오신 이유는 십자가를 지시기 위함이었습니다. (요3:16)

④ 십자가는 우리가 예수 그리스도와의 사랑 안에 있다는 증거로서 받아들이는 상징이기 때문입니다. (고후1:5, 갈6:14)

⑤ 우리는 십자가를 참으시고 부끄러움을 개의치 않으셨던 예수님의 모습을 닮아가야 하기 때문입니다. (히12:2)

(2) '십자가를 짐'의 본질은 예수님께서 받으신 '기꺼이 오해 받는' 고난을 의미합니다.

① '오해받음'은 예수님께서 친히 겪으신 고난의 일부였습니다.

　a. 당시에 제자들은 예수님의 삶의 모든 상황을 이해할 수 없었으며, 예수님께서도 제자들에게 모든 것을 설명할 수 없었습니다. (요16:12)

　b. 예수님께서는 성부께서 자신을 기뻐하심을 아는 데서 기쁨을 얻었습니다. 오해받음이라는 고난은 하나님만이 이해하신다는 사실을 앎으로써 완화되는 것입니다.

(요5:44)

 c. 예수님께서 로마 병정들로부터 업신여김을 당하고 조롱을 당하시면서 기꺼이 어리석은 자처럼 보이셨습니다. (마27:29, 눅23:11)

② 그리스도인은 십자가를 위해 '오해받음'을 기꺼이 여길 수 있어야 합니다.

 a. 그리스도인은 예수 그리스도와 그분이 십자가에 못 박힌 것 외에는 다른 관심이 있을 수 없습니다. (고전2:2)

 b. 십자가에 대한 이야기를 전하는 것은 유대인에게는 '꺼리끼는 것'으로 이방인에게는 '미련한 것'으로 여겨졌습니다. (고전1:23)

(3) '십자가를 짐'의 고통은 십자가의 질과 양으로 고난으로 다가옵니다.

① 예수님께서는 부끄러움을 개의치 아니하셨습니다. (히12:2)

② 우리는 그분과 같은 십자가의 고통을 체험하지 않을 수도 있습니다. 히브리 그리스도인들이 십자가의 고통을 직접 체험하지는 않았습니다. (히12:4)

③ 우리는 십자가의 고난이 다가올 때 놀랄 필요가 없습니다. 오히려 그리스도의 고난에 참여하는 것으로 즐거워해야 할 것입니다. (벧전4:12-13)

④ 그리스도인이기 때문에 받는 최고의 형태의 짐은 그리스도의 이름으로 욕을 받는 '십자가의 짐'입니다. (벧전4:14)

(4) 우리가 십자가를 져야 하는 이유는 우리는 예수님을 따르는 그리스도인이기 때문입니다.

① 우리는 우리 자신의 소유가 아니라 주님께서 값을 주고 사신 존재로 하나님께 영광을 돌려야 하기 때문입니다.

(고전6:19-20)

② 선을 행함으로 고난을 받는 것은 하나님의 뜻이기 때문입니다. (창39:1-20, 벧전3:17)

③ 하나님께 불순종함으로 고난을 받는 경우가 있을 수 있습니다. 하나님께서는 죄에 빠진 믿음의 사람들에게 십자가를 지게 하실 것입니다. (벧전4:15/ 비교, 삼하12:10)

④ 십자가를 짐에는 언제나 이유가 있습니다. 하나님께서 우리에게 의미 없이 십자가를 지게 하시는 경우는 결코 없습니다. (벧전4:12-14)

(5) 하나님께서 우리에게 십자가를 지게 하시는 몇 가지 이유가 있습니다.

① 우리가 장차 이르게 될 상태에 대해 더욱 더 대비시키려는 것입니다. 하나님께서 우리에게 십자가를 지라고 요구하시는 가장 주된 이유는 우리로 예수님을 더욱 닮게 하시려는 것입니다. (롬8:30)

② 하나님께서는 우리의 칭찬과 영광과 존귀를 더 하시게 하시기 위하여 십자가를 지게 하십니다. 우리의 삶속에서 십자가를 존귀히 여기는 정도는 하나님께로부터 소명의 범위와 일치하기 때문입니다. (벧전1:7)

③ 우리를 성공에 대처할 수 있게 만들기 위해서입니다. 지극히 작은 것에 충성된 자는 큰 일에도 충성될 것이기 때문입니다. (눅16:10/ 비교, 요셉의 고난)

④ 우리로 하여금 자신이 지닌 모습을 그대로 직시하도록 하기 위해서입니다. (욥42:6)

⑤ 손가락질 하는 습관을 끊게 하시기 위해서입니다. (마7:1, 눅6:38)

(6) 성도는 적어도 위엄 있게 십자가를 짊어지기 위하여 하여야
할 일들과 하지 말아야 할 일들이 있습니다.

　① 십자가를 지는 짐을 즐겁게 여겨야 합니다.
　　(약1:2, 벧전4:12)

　② 하나님만이 나의 사정을 안다는 것에서 기쁨을 얻어야 합니
　　다. (삼상24:15, 렘17:15-16, 20:12-12/ 비교, 시7:1,11, 55:6)

　③ 하나님께서 일하시는 때를 기다려야 합니다.
　　(사25:9, 고전4:5)

　④ 십자가의 고난을 불평하거나 원망하지 말아야 합니다.
　　(고전10:10)

　⑤ 자신에 대한 변명을 하지 말아야 합니다. 우리가 하지 않아
　　도 하나님께서 친히 보응하심을 알아야 합니다.
　　(창40:15, 욥27:5-6, 롬12:19)

　⑥ 하나님께서 우리에게 질병이나 핍박, 불의, 기도 응답의 지
　　연 등으로 십자가를 지게 하실 때에도 하나님을 비난해서는
　　안 됩니다. (약1:20)

　⑦ 예수님의 모습을 닮은 십자가를 지는 가장 큰 모습은 원수를
　　위해 기도하는 것입니다. (눅6:35)

3) 그리스도인의 생활 양식은 '거룩함'을 추구하며 하나님을 닮아가는 '성결한 생활'입니다.

(1) 하나님의 본 모습은 '거룩하신 분'으로 하나님을 완전히 이
해할 수 있는 증거들은 이 세상에 존재하지 않습니다.

　① 하나님의 존재에 대한 그분의 말씀은 '내가 거룩하니'라는
　　말씀이었습니다. (레11:44)

　② 하나님께서는 인간의 본질과 행위와 완전히 다른 분이신 거

록하신 분이십니다. (사6:1-3, 40:25)

③ 하나님께서는 가까이 가지 못할 빛에 거하시고 아무 사람도 보지 못하는 또 볼 수 없는 '빛'이십니다.
(요3:19, 딤전6:16, 요일1:5/ 비교, 행9:3, 26:13)

④ 하나님은 진리이시며, 예수님도 진리이셨고, 성령님도 진리의 영이셨습니다. (신32:4, 요1:14, 14:6,17)

⑤ 하나님은 신실하신 분으로 언제나 자신의 말씀을 지키심으로 언제나 의지할 수 있는 분이십니다.
(시91:3, 애3:23, 고전1:9, 10:13)

(2) 하나님은 '거룩하신 분'으로 근본적으로 죄를 미워하십니다.
(합1:13, 슥8:16-17)

① 하나님께서 거룩함을 보여주는 율법을 주신 이유는 그분이 죄를 미워하시는 분이시기 때문입니다. (갈3:2-22)

② 십계명은 하나님이 인간에게 요구하시는 최소한의 삶의 표준을 보여주는 것으로 죄에 대한 하나님의 의식을 보여주는 것입니다. (출20:1-20)

③ 하나님께서는 형벌 받을 자에게 반드시 보응하십니다.
(출34:7, 롬2:16)

(3) 예수님은 하나님의 거룩하신 모습을 완전히 나타내 보이시는 분이십니다.

① 예수님은 전혀 죄가 없으신 분이시며, 그분 자신이 완전히 거룩하신 분이셨습니다. (요14:9, 히7:26, 벧전2:22)

② 예수님은 그분의 행동을 통하여 하나님의 거룩하심을 보여주셨습니다. (히4:15)

③ 예수님은 한 번도 죄를 짓지 않으셨을 뿐만 아니라, 그분의 모든 말씀과 행동으로 성부의 소원을 나타내셨으며, 율법

의 완전함을 드러내셨습니다. (마5:17, 요12:49, 벧전2:22)

④ 예수님은 그분의 삶과 죽음을 이루심으로 완전한 대속자가
되셨습니다. (롬5:10, 벧전2:24)

⑤ 예수 그리스도께서 그분의 몸을 산제물로 드리심으로 모든
성도들이 거룩함을 옷입게 되었습니다. (히10:10)

(4) 하나님의 백성은 '거룩하라'는 요청을 지속적으로 요구받게
됩니다. (히12:14)

① 본래 우리 인간은 혐오스러운 존재이며 심히 부패한 존재입
니다. (렘17:9, 롬3:10-18)

② '성화' 또는 '거룩함'은 그리스도에게 속한 것으로써 우리가
그분 안에 있음으로 소유하게 된 것입니다. (고전1:30)

③ 성화(거룩함)는 우리가 추구하도록 부름받은 목표이며, 성
령님의 도우심으로 거룩함과 구원에 이르게 됩니다.
(롬6:22, 살후2:13, 딤후1:9)

(5) 우리가 사는 동안에 이루어야 할 거룩함의 모습과 목표를 성
경에서 찾아보게 됩니다.

① 성경은 성도들에게 올바른 가정 생활과 높은 수준의 도덕
성으로 그 거룩함을 지속적으로 유지할 것을 강조합니다.
(엡5:3, 살전4:3-7, 벧전1:14-16)

② 돈에 대한 정직성과 진실한 생활을 하여야 합니다.
(시58:3, 말3:8, 엡4:28, 계21:8)

③ 모든 사람에게 친절한 마음을 가지며, 악독한 마음을 품지
않아야 합니다. (엡4:30, 히12:14)

④ 잘 절제된 혀입니다. (마7:1-2, 12:36, 엡5:4, 약3)

⑤ 빛 가운데로 행하는 삶입니다. (빌3:12-15, 요일1:7-9)

4) 그리스도인의 생활 양식은 '하나님을 경외'하는 생활입니다.

(1) 하나님을 경외하는 생활은 성경이 끊임없이 성도들에게 요구하는 삶의 주제입니다.

① 하나님을 경외한다는 말은 그분의 인격, 일하신 방법에 대한 가장 깊은 존경, 그분을 기쁘시게 하지 못하는 것에 대한 강한 두려움이 포함되어 있다는 의미입니다.
(신9:19, 마3:7, 히12:21)

② 아브라함의 신앙 생활은 그리스도인의 모범으로 하나님을 경외함에 대한 칭찬을 받았습니다. (창22:12, 롬4:16, 갈3:8)

③ 시내산에서 모세가 받은 율법은 하나님을 경외하며, 하나님의 명령을 지키라는 것이었습니다. (출20:18, 신5:29)

④ 하나님을 경외하는 것은 인간의 본분이며, 지속적으로 가르쳐야 하는 것입니다. (시34:11, 전12:13, 계14:7)

⑤ 표적과 기사는 치유에서 오는 큰 기쁨뿐만 아니라 두려움도 가져오게 됨을 사도들의 이적을 통해서 알 수 있습니다.
(행2:43)

⑥ 성령님을 모독하는 경우 죽음까지도 가져올 수 있을 뿐만 아니라 '큰 두려움'을 불러일으키게 된다는 사실을 아나니아와 삽비라에 대한 사례에서 알 수 있습니다. (행5:11)

(2) 하나님께서 여러 가지 방법으로 그분 자신을 우리에게 보이심으로 우리가 그분을 경외할 수 있게 됩니다.

① 치유하시는 임재를 그분 자신을 통하여 나타내 보이십니다.
(눅5:17)

② 즐거이 부르는 찬송과 경배의 임재를 통하여 그분 자신을 나타내 보이십니다.
(시126:2, 스3:11, 눅24:52-53, 행2:47, 16:25)

③ 하나님을 기뻐하는 일에서 그분 자신을 나타내실 수 있습니다. (느8:10)

④ 하나님께 간절히 기도하는 간구의 영을 통해서 그분 자신을 나타내실 수 있습니다. (행1:14, 4:24-31, 12:5)

⑤ 심판의 임재를 통해서 하나님께서 그분 자신을 나타내실 수 있습니다. (행5:1-11, 8:21)

⑥ 구원의 때를 통하여 그분 자신을 우리에게 나타내십니다. (행16:16-18)

⑦ 하나님을 경외함의 임재를 통해 그분 자신을 나타내십니다. (눅1:12, 5:26, 7:16, 8:37, 행2:43, 5:5,11, 19:17)

⑧ 하나님은 경외로우신 분이시지만, 우리에게 '두려워하지 말라'라고 말씀하시며 그분을 나타내 보이십니다. (마28:10, 눅1:13, 2:10, 계1:17)

⑨ 하나님의 행하신 일의 결과가 기쁨과 함께 눈물과 두려움을 수반하는 경우가 많이 있습니다. (스3:13, 마28:18)

(3) 하나님을 경외하는 방법은 몇 가지 방법을 통해서 배우게 됩니다. 이는 근본적으로 성령님의 부르심의 결과입니다.

① 근본적으로 하나님의 말씀을 들음으로써 하나님을 경외하는 방법을 배우게 됩니다. (신11:18-19, 롬10:14-18/ 비교, 행2:37-40)

② 하나님의 행하신 일들을 보거나 경험하게 됨으로써 하나님을 경외하는 방법을 배우게 됩니다. (신11:7, 눅5:26, 히2:4, 행5:5,11, 19:17)

③ 하나님의 말씀에 순종함으로써 하나님을 경외하는 방법을 배우게 됩니다. 하나님의 말씀에 순종함과 하나님을 사랑함은 동일한 것입니다.

(신10:12-13, 11:1,5, 요14:15, 롬1:5, 살전1:8/ 비교, 벧전 4:17)

④ 하나님을 경외하는 방법을 배우게 되는 모든 것은 결국 성령 님을 통한 하나님의 은혜로우신 부르심의 결과입니다. (행2:39)

(4) 사람들이 하나님을 경외하는데 이르게 되는 동기를 성경을 통해서 찾아 볼 수 있습니다.

① 예수님을 믿지 않은 비그리스도인이 하나님을 알게 되는 동 기는 들음과 경험입니다.

a. 하나님의 진노에 대한 설교를 들음으로써 하나님을 경외 하게 됩니다. (마3:7)

b. 힘 있는 설교를 들음으로써 하나님을 경외하게 됩니다. (행2:37)

c. 권위 있는 가르침을 들음으로써 하나님을 경외하게 됩니 다. (마7:28-29, 22:33)

d. 표적과 기사를 경험하게 됨으로써 하나님을 경외하게 됩 니다. (행4:16)

② 이미 예수 그리스도를 믿은 그리스도인이 하나님을 경외함 에 이르게 되는 동기는 하나님에 대한 경외심입니다.

a. 하나님의 징계하심에 대한 두려움 때문에 하나님을 경외 함에 이르게 됩니다. (시6:1)

b. 하나님의 진노케 함에 대한 두려움 때문에 하나님을 경 외함에 이르게 됩니다.
(시2:11, 4:3-4, 6:1, 19:7-14, 요 3:36, 롬9:22)

c. 하나님의 안식에 들어가지 못함에 대한 두려움 때문에 하나님을 경외함에 이르게 됩니다. (히4:1)

    d. 지속적인 불순종에 대한 두려움 때문에 하나님을 경외함
      에 이르게 됩니다. (히10:26-31)

(5) 우리가 하나님을 진정으로 경외하는지 여부는 성경말씀에
    비추어 알게 됩니다.

    ① 진정으로 하나님으로부터 오는 영광을 구하고 사람으로부
      터 오는 영광을 구하지 않습니다. (요5:44)

    ② 우리가 그분의 이름을 경외하기를 원하시는 만큼 우리가 그
      분의 이름을 존중하게 됩니다. (신28:58)

    ③ 진정으로 모든 일에 하나님을 기쁘시게 하려는 관심을 가지
      게 됩니다. 이는 지극히 작은 일에도 충성을 하게 되는 모습
      으로 나타나게 됩니다. (눅16:10, 고후5:9, 요일1:7)

5) 그리스도인의 생활 양식은 '중보기도'하는 생활이 매일 매일 지속되는 생활입니다.

(1) '중보기도'는 다른 사람을 위해 하나님께 간정하는 것입니
    다. (행12:5, 엡6:18)

    ① 예수님만이 우리의 중보자가 되시며, 그분이 우리 성도들을
      위해 성부 하나님의 오른편에서 지금도 기도하시고 계시다
      는 사실을 먼저 알아야 합니다. (롬8:34, 히7:25)

    ② 우리가 하나님께 첫 번째로 구해야 할 것은 언제나 긍휼하
      심입니다. (히4:16)

    ③ 중보기도는 하나님과 도움이 필요한 사람 사이에 서는 것이
      며, 대변자가 되는 것을 의미합니다. (행12:5)

    ④ 중보기도를 드릴 때 하나님을 속여서는 안 됩니다. 즉 우리
      의 입술의 말과 생각이 달라서는 안 됩니다. 그분은 우리의
      마음을 모두 아시기 때문입니다. (히4:13)

(2) 예수님께서 친히 중보자의 본을 보이셨습니다.

① 예수님께서도 자신을 십자가에 못 박은 자들을 위하여 기도 하셨습니다. (눅23:34)

② 예수님께서 다른 사람들을 위하여 기도하셨습니다. (롬15:3)

③ 주님은 우리의 연약함을 친히 동정하셨습니다. 진정한 중보기도자라면 자신이 기도하는 대상들에 대하여 먼저 동정(불쌍히 여김)의 마음을 가져야 합니다. (히4:15)

④ 그분은 자비롭고 충성된 대제사장이시며, 항상 살아서 우리 를 위하여 간구하시고 계십니다. (히2:17, 7:25)

⑤ 예수님께서도 성부 하나님께 심한 통곡과 눈물과 간구하심 으로 소원을 드리셨으며, 그분의 경건하심으로 인하여 들으 심을 얻었습니다. (히5:7)

⑥ 예수님께서는 언제나 성부 하나님을 기쁘시게 하셨습니다. (요5:30)

(3) 이스라엘의 지도자인 모세는 위대한 중보기도자였으며, 모 세 외에도 많은 중보기도자가 있었습니다.

① 모세는 두 손을 들고 이스라엘 민족을 위해 중보기도를 드 렸습니다. (출17:11-12)

② 모세는 하나님께 거역하는 백성들을 위해 중보기도를 드렸 습니다.(출32:11)

③ 모세는 중보기도를 드릴 때 하나님께 그분의 명성을 상기시 켰습니다. (출32:12)

④ 모세의 기도를 들으심으로 하나님께서 이스라엘 백성에게 서 노를 돌이키시고 멸하시지 않게 하셨습니다. (시106:23)

⑤ 구약성경에는 모세 외에도 아브라함, 에스라, 다니엘, 사무

엘, 엘리야 등의 중보기도자를 찾아볼 수 있습니다.
(창18:16-33, 삼상7:5, 스9:5-15, 단9:3-19, 약5:17-18)

(4) 사도바울에게서 중보기도의 중요성을 살펴볼 수 있습니다.

① 신약성경을 쓴 사도 바울도 절대적으로 중보기도의 필요성을 느꼈습니다. (엡6:19-20, 살전5:25/ 비교, 골4:3-4)

② 바울은 자신의 민족을 위하여 기도하였습니다.
(롬10:1, 딤전2:1-2/ 비교, 시122:6)

③ 바울은 자신이 관심을 둔 교회들을 위하여 기도하였습니다.
(롬1:9-10, 엡1:17, 3:14-19, 빌1:3-6, 살전1:2-3)

④ 바울은 목회자인 디모데 한 사람을 위하여 기도하기도 하였습니다.(딤후1:3-4)

⑤ 바울은 중보기도를 드렸을 때 자신이 원하던 것과 다른 응답을 얻은 경우도 있었습니다. (고후12:9)

⑥ 바울은 가장 큰 시련을 겪을 때 자신의 구원을 하나님의 구체적인 개입과 다른 신자들의 중보기도의 수고로 돌렸습니다. (고후1:10-11)

(5) 교회가 합심하여 중보기도를 드릴 때 기도의 응답이 이루어진 모습을 볼 수 있습니다. (행1:14)

① 영적 전쟁의 일부의 승리는 중보기도에 의하여 이루어집니다. (엡6:10-18)

② 초대 교회는 옥에 갇힌 베드로를 위하여 중보기도를 드렸으며 그 결과 베드로가 기적적으로 구출되었습니다. 이것은 합심기도의 응답이었습니다. (행12:2-17)

③ 환난 중에 있는 교회는 합심기도에 의하여 큰 도움을 받는 모습을 보입니다. (행4:24,31)

(6) 중보기도에 반드시 포함되어야 할 내용들이 있습니다.

① 먼저 하나님을 인정하고, 감사함으로 기도하는 찬양이 수반됩니다. (행4:24-28, 롬1:8, 고후9:14-15, 빌1:3-4, 4:6)

② 하나님께서는 우리가 구하기 전에 필요한 모든 것을 아시지만 그래도 우리는 하나님께 구해야 합니다. (마6:8, 빌4:6)

③ 직면한 문제를 인정하고 교회에 구체적인 기도 제목을 요청해야 합니다. (엡6:19/ 비교, 행4:27)

④ 중보기도에는 치유기도가 포함됩니다.
(약5:16/ 비교, 행4:30)

⑤ 하나님의 모든 뜻 가운데서 안전하고 확신있게 설 수 있기를 구하여야 합니다. (골4:12)

⑥ 우리가 그리스도를 잘 알도록 기도하여야 합니다.
(엡1:16, 3:17)

⑦ 기도할 때에는 어떤 이유로도 다른 사람을 원망해서는 안 됩니다. (주기도문, 마6:12,14-15, 막11:23,25)

⑧ 원수를 위해 기도하는 것은 가장 숭고하지만 가장 어려운 문제일 수 있습니다. 여러분의 대적이 심판을 받지 않고 복을 받도록 기도할 뿐만 아니라, 여러분 자신이 하나님의 축복을 받기 원하듯이 하나님께서 대적들을 축복해 주시도록 기도해야 합니다. (주기도문, 눅23:34, 행7:51-60)

(7) 이상적인 중보기도자는 예수님처럼 기도하는 사람입니다. 예수님의 사역의 모습에서 중보기도자가 가져야 할 마음의 자세를 확인할 수 있습니다.

① 그분은 우리의 연약함을 동정하신 자비하신 분이셨습니다. 효과적인 중보기도자는 판단하거나 비판하는 사람이 아니며, 인간의 연약함을 이해할 수 있는 사람일 것입니다.

(히2:17, 4:15)

② 그분은 원수들을 위해 기도하셨습니다. 중보기도자는 자신
의 입장에 따라서 기도하는 것이 아니라 공평하게 그의 대
적을 위해 기도하여야 합니다. (눅23:34)

③ 그분은 성실하셨습니다. 중보기도자는 대제사장이신 예수
그리스도처럼 하나님께 신실함과 섬김이 있어야 합니다.
(히2:17)

④ 그분은 자신을 내세우지 않는 온유하시고 겸손하신 분이셨
습니다. 자신을 드러내지 않고 배후에서 중보기도하시는 성
령님처럼 훌륭한 중보기도자는 숨어서 기도하는 사람일 것
입니다. (마11:29, 롬8:26-27)

⑤ 그분은 항상 살아서 저희를 위하여 구하시고 계십니다. 중
보기도자는 기도하는 시간을 내거나 따로 구별된 시간을 내
며, 중보기도에 우선을 두는 사람일 것입니다. (히7:25)

6) 결론적으로 그리스도인의 생활 양식은 예수님을 믿는 믿음 안에서 그분을 닮아가는 삶으로 이루어져야 합니다.

(1) 그리스도인은 예수님 안에서 십자가를 지는 삶을 살아야 하
며, 또한 거룩함을 추구하며 하나님을 닮아가는 성결한 생활
을 유지하여야 합니다.

(2) 그리스도인의 삶은 하나님을 경외하며, 매일 매일 다른 사람
을 위하여 기도하는 생활이 되어야 합니다.

2. 그리스도인의 바른 성품

예수 그리스도를 믿고 따르는 사람들의 성품은 어떠해야 할까요? 예수님을 믿는 사람들이 일반 사람들과 달라야 한다는 점은 무엇일까요? 우리의 모습이 우리가 좋아하는 사람을 닮아 가듯이 예수님을 믿고 따르는 그리스도인의 인품은 거룩한 예수님의 사랑의 모습을 닮아가야 한다는 점을 이 장을 통해서 배울 수 있습니다.

1) 그리스도인들은 '하나님의 성품'을 닮아가야 합니다.
(마11:28-30)

(1) 예수님의 성품은 '온유와 겸손'입니다.

① 예수님께서는 '수고하고 무거운 짐 진 자들아, 다 내게로 오라. 내가 너희를 쉬게 하리라.'고 말씀하셨습니다. (마11:28)

② 예수님의 마음은 온유하고 겸손하므로, 예수님의 멍에를 메고 예수님께 배우면, 우리의 마음이 쉼을 얻게 될 것입니다. (마11:29)

③ 예수님의 짐은 가볍고, 예수님의 멍에는 우리가 메기 쉽기 때문입니다. (마11:30)

(2) 그리스도인의 인격은 '하나님의 성품'에 참여하는 자가 되는 것입니다. (벧후1:3-11/ 비교, 골3:12-17)

① 더욱 힘써 믿음에 덕을 더하여야 합니다. (벧후1:5)

② 덕에 지식을 더하여야 합니다. (벧후1:6)

③ 지식에 절제를 더하여야 합니다. (벧후1:6)

④ 절제에 인내를 더하여야 합니다. (딤후4:2, 벧후1:6)

⑤ 인내에 경건을 더하여야 합니다. (골3:12, 벧후1:6)

⑥ 경건에 형제우애를 더하여야 합니다. (벧후1:7)

⑦ 형제우애에 사랑을 더하여야 합니다. (골3:14, 벧후1:7)

(3) 그리스도인은 '하나님께로부터 오는 지혜와 총명'을 가져야
합니다. (약3:13-18)

① 선행에 힘써야 합니다. (약3:13)

② 지혜의 온유함으로 행하여야 합니다. (약3:13)

③ 오직 위로부터 오는 지혜는 첫째 성결입니다. (약3:17)

④ 화평합니다. (마5:9, 롬12:18, 갈5:22, 약3:17)

⑤ 관용이 있습니다. (약3:17)

⑥ 양순합니다. (약3:17)

⑦ 긍휼과 선한 열매가 가득합니다. (골3:12, 약3:17)

⑧ 편견과 거짓이 없습니다. (약3:17)

⑨ 화평으로 심어 의의 열매를 거둡니다. (약3:18)

2) 그리스도인은 성령님의 인도함을 받아 '성령님의 열매'를 맺는 모습을 보여야 합니다. (고전12:31, 갈5:22-23, 골3:12-17)

(1) '성령의 열매'는 9가지입니다. (갈5:22-23)

① 사랑의 열매를 맺어야 합니다.
(마5:44, 22:37-40, 요13:34, 15:12, 롬12:9, 고전13:13, 갈
5:14)

② 희락의 열매를 맺어야 합니다.
(시100, 요15:11, 롬5:3, 12:15, 살전1:6, 5:16)

③ 화평의 열매를 맺어야 합니다.
　(마5:9, 골3:15, 히12:14, 약3:18)

④ 인내(오래 참음)의 열매를 맺어야 합니다.
　(눅21:19, 롬12:12, 골1:11,24, 약1:12)

⑤ 자비의 열매를 맺어야 합니다. (마12:7, 엡2:7, 딛3:4)

⑥ 양선(어질고 착함)의 열매를 맺어야 합니다.
　(마4:16, 빌1:10, 2:5-8, 딤전1:18-19, 약3:13)

⑦ 충성의 열매를 맺어야 합니다. (마25:21, 히3:5-6, 계2:10)

⑧ 온유의 열매를 맺어야 합니다. (마5:5, 골3:12)

⑨ 절제의 열매를 맺어야 합니다. (갈5:16, 딛1:8, 벧후1:5)

(2) 하나님의 택하신 거룩하고 사랑하신 자처럼 성령님의 열매
　인 사랑으로 옷 입어야 합니다. (골3:12-17)

① 긍휼과 자비와 겸손과 온유와 오래 참음으로 옷 입어야 합
　니다. (골3:12)

② 주님께서 우리를 용서하신 것과 같이 서로 용서하여야 합
　니다. (골3:13)

③ 이 모든 것 위에 사랑을 더하여야 합니다. (골3:14)

④ 그리스도의 평강이 우리 마음을 움직이게 해야 합니다. 우
　리는 평강을 위하여 한 몸으로 부름을 받았습니다. (골3:15)

⑤ 마음에 감사함으로 하나님을 찬양하여야 합니다.
　(골3:15-16)

⑥ 말에나 일에나 무엇을 하든지 다 주 예수님의 이름으로 그
　분을 힘입어 하나님 아버지께 감사하여야 합니다. (골3:17)

(3) 성경은 고귀한 인격을 갖춘 성도가 가져야 할 '사랑'의 모습
　을 설명해 줍니다. (고전13:4-7)

① 사랑은 오래 참습니다. (고전13:4, 벧전2:20)

② 사랑은 온유합니다. (고전13:4)

③ 사랑은 시기하지 않습니다. (고전13:4)

④ 사랑은 자랑하지 않습니다. (고전13:4)

⑤ 사랑은 교만하지 않습니다. (고전13:4)

⑥ 사랑은 무례히 행치 않습니다. (고전13:5)

⑦ 사랑은 자기의 유익을 구치 않습니다. (고전13:5)

⑧ 사랑은 성내지 않습니다. (고전13:5)

⑨ 사랑은 악한 것을 생각지 않습니다. (고전13:5)

⑩ 사랑은 불의를 기뻐하지 않습니다. (고전13:6)

⑪ 사랑은 진리와 함께 기뻐합니다. (고전13:6)

⑫ 사랑은 모든 것을 참습니다. (고전13:7)

⑬ 사랑은 모든 것을 믿습니다. (고전13:7)

⑭ 사랑은 모든 것을 바랍니다. (고전13:7)

⑮ 사랑은 모든 것을 견딥니다. (고전13:7)

3) 그리스도인은 '사랑의 사람'으로 변화되어야 합니다.

(1) 사랑은 성도들에게 꼭 있어야만 하는 중요한 은사입니다.
(고전13:1-3)

① 사람의 방언과 천사의 말을 한다고 하더라도 사랑이 없으면 아무 것도 아닙니다. (고전13:1)

② 예언하는 능력이 있어 모든 비밀과 모든 지식을 알고, 또 산을 옮길 만한 믿음이 있더라도 사랑이 없으면 아무 것도 아닙니다. (고전13:2)

③ 모든 것으로 구제하고, 또 몸을 불사르게 내어 준다고 하더라도 사랑이 없다면 아무런 유익이 없습니다. (고전13:3)

(2) 그리스도인에게 있어서 '사랑의 성품'은 믿음을 실천하는 선한 행위로 나타나게 됩니다. (롬12:9-21)

① 악을 미워하고 선에 속하게 됩니다. (롬12:9)

② 형제를 사랑하며 서로 우애하고 존경하기를 서로 먼저 하게 됩니다. (롬2:10)

③ 부지런하며 열심을 내어 주님을 섬기게 됩니다. (롬12:11)

④ 소망 중에 즐거워하게 됩니다. (롬12:12)

⑤ 환난 중에도 참을 수 있게 됩니다. (롬12:12)

⑥ 성도의 쓸 것을 공급하며, 손님 대접하기를 힘씁니다. (롬12:13)

⑦ 박해하는 자를 축복하고, 저주하지 않습니다. (롬12:14)

⑧ 즐거워하는 자들과 함께 즐거워하며, 우는 자들과 함께 웁니다. (롬12:15)

⑨ 서로 마음을 같이합니다. (롬12:16)

⑩ 높은 데 마음을 두지 아니하고 낮은 곳으로 행합니다. (롬12:16)

⑪ 스스로 지혜 있는 체 아니 합니다. (롬12:16)

⑫ 선으로 악을 이깁니다. 악을 악으로 갚지 않고, 모든 사람 앞에서 선한 일을 도모합니다. (롬12:17,21)

⑬ 모든 사람으로 평화하려고 노력합니다. (롬12:18)

⑭ 본인이 원수를 갚지 않습니다. 원수 갚는 것은 하나님의 진노하심에 맡깁니다. (롬12:19)

⑮ 원수에게 음식물을 제공합니다. (롬12:20)

⑯ 악에게 지지 않고 선으로 악을 이깁니다. (롬12:21)

(3) 사랑은 율법의 완성입니다. (마22:36-40, 롬13:8-10)

　① 남을 사랑하는 자들은 율법을 다 이루었습니다. (롬13:8)

　② 사랑은 율법의 완성입니다. (롬13:10)

　③ 하나님 사랑과 이웃 사랑은 온 율법과 선지자의 강령입니다. (마22:37-40)

4) 음행과 온갖 더러운 것과 탐욕은 그 이름이라도 부르지 말아야 합니다. (엡5:3)

(1) 육체의 일들에서 멀어져야 합니다. 이와 같은 일들은 하나님 나라를 유업으로 받지 못합니다. (갈5:19-21, 골3:5-10)

　① 음행과 더러운 것과 호색하는 것입니다.
　　(갈5:19, 약3:14-15)

　② 우상 숭배와 술수와 원수를 맺는 것입니다. (갈5:20)

　③ 분쟁과 시기와 분내는 것입니다. (갈5:20)

　④ 당 짓는 것과 분리함과 이단입니다. (갈5:20)

　⑤ 투기와 술취함과 방탕입니다. (갈5:21)

(2) 세상적이고 정욕적이며 마귀적인 것은 버려야 합니다. 하나님 두기를 싫어하게 되어 하나님께서도 그 상실한 마음대로 버려 두시므로 합당치 못한 일을 하게 하십니다. (롬1:28, 약3:15-18)

　① 독한 시기와 다툼을 버려야 합니다. (약3:14)

　② 진리를 거스리는 거짓을 버려야 합니다. (약3:14)

　③ 시기와 다툼과 혼란과 모든 악한 일을 버려야 합니다.

(약3:16)

④ 사람을 외모로 취하지 말아야 합니다. (약2:1)

⑤ 형제와 이웃을 비방하거나 판단하지 말아야 합니다.
(약4:11-12)

⑥ 혀를 길들여야 합니다. (약1:26, 3:2-12)

(3) 사형에 해당하는 자가 될까 스스로 조심해야 합니다.
(롬1:28-32)

① 모든 불의, 추악, 탐욕, 악의가 가득한 자입니다. (롬1:29)

② 시기, 살인, 분쟁, 사기, 악독이 가득한 자입니다. (롬1:29)

③ 수군수군하는 자입니다. (롬1:29)

④ 비방하는 자입니다. (롬1:30)

⑤ 교만한 자입니다. (롬1:30)

⑥ 자랑하는 자입니다. (롬1:30)

⑦ 악을 도모하는 자입니다. (롬1:30)

⑧ 부모를 거역하는 자입니다. (롬1:30)

⑨ 우매한 자입니다. (롬1:31)

⑩ 배약한 자입니다. (롬1:31)

⑪ 무정한 자입니다. (롬1:31)

⑫ 무자비한 자입니다. (롬1:31)

(4) 사람 속에서 나오는 여러 가지 악한 생각이 사람을 더럽게
합니다. (막7:20-23)

① 음란입니다. (막7:21)

② 도적질입니다. (막7:21)

③ 살인입니다. (막7:21)

④ 간음입니다. (막7:22)

⑤ 탐욕입니다. (막7:22)

⑥ 악독입니다. (막7:22)

⑦ 속이는 것입니다. (막7:22)

⑧ 음탕한 생각입니다. (막7:22)

⑨ 질투입니다. (막7:22)

⑩ 비방입니다. (막7:22)

⑪ 교만입니다. (막7:22)

⑫ 우매함입니다. (막7:21-22)

(5) 결국 자기 욕심에 끌려 미혹되게 되면 죄로 인하여 사망에
이르게 됩니다. (약1:14-15)

① 오직 각 사람이 시험을 받는 것은 자기 욕심에 끌려 미혹되
기 때문입니다. (약1:14)

② 욕심이 잉태한즉 죄를 낳게 되고, (약1:15)

③ 죄가 장성하여 사망을 낳게 됩니다. (약1:15)

5) 결론적으로 그리스도인은 하나님의 성품을 닮은 사랑의 성
품을 갖춘 모습이어야 합니다. 그리스도인은 성령님의 열매
를 맺는 생활을 유지함으로써 거룩한 하나님의 사람으로서
의 바른 성품을 갖추어야 하는 것입니다.

3. 주 하나님을 섬기는 삶

그리스도인의 인격이 우리 주 예수 그리스도를 닮아가는 것이라면, 지금까지 세상을 중심으로 살던 우리의 삶은 하나님을 섬기는 삶으로 변화될 것입니다. 하나님을 섬기는 삶이 어떤 것인지를 살펴봄으로써 우리의 삶의 전부가 하나님께 드러지고 하나님을 전적으로 의지하는 삶으로 여러분을 안내할 것입니다.

1) 성도는 '예수 그리스도의 복음'으로 살아갑니다.

(1) 예수님께서 가르치신 복음의 내용을 깨달아야 합니다.

① 예수님께서 우리 죄를 위해 십자가에 달려 돌아가셨습니다. (롬5:8, 고전15:3)

② 예수님께서 영생을 확증하시기 위하여 3일 만에 부활하셨습니다. (눅24:1-6, 고전15:14)

③ 예수님께서 산 자와 죽은 자를 심판하시기 위하여 재림하십니다. (행1:11, 고전15:51)

(2) 이 복음은 선언된 것이며, 전파될 것입니다.

① '주 예수님을 믿으라.'고 전하여야 합니다. (행16:31)

② '성령님을 받으라.'고 전하여야 합니다. (요3:5,34, 20:22)

③ '끝까지 견디며' 인내하여야 합니다. (마24:13)

(3) 예수님께서 믿음의 '생활의 본'을 보이셨습니다.

① 온 갈릴리에 두루 다니시며, 회당에서 예배를 드리며, 복음

을 가르치셨습니다. (마4:23, 눅4:14-16)

② 백성 중의 모든 병자와 약한 것을 고치셨습니다.
(마4:23-24, 9:35)

③ 두루 다니시며 천국 복음을 전파하시고, 모든 약한 것을 고
치시므로 그분의 소문이 온 동리와 지역(수리아)에 퍼졌습
니다. (마4:23-24, 9:35)

2) 교회와 성도에게 주어진 책임과 사명이 있습니다.

(1) 교회에 주어진 책임이 있습니다.

① 예배와 교육에 힘써야 합니다. (딤후3:14-15)

② 봉사와 구제에 힘써야 합니다. (벧전4:9-10)

③ 전도와 헌신에 힘써야 합니다. (딤후4:1-5)

(2) 성도는 그리스도와의 교제의 삶을 살아야 합니다.
(요일1:3,7)

① 기도는 영혼의 호흡입니다.
성도는 쉬지 않고 기도함으로써 살아가는 것입니다.
(살전5:16-17)

② 성경은 영혼의 양식입니다.
사람은 떡으로 사는 것이 아니라 하나님의 말씀으로 살아갑
니다. (마4:4, 요5:39)

③ 전도는 영혼의 운동입니다.
예수님의 제자와 증인 된 우리는 사람들에게 주 예수님을
전파하며 사는 것입니다. (막1:17, 행1:7-8)

3) 그리스도인은 하나님께 예배를 드리는 삶을 살아야 합니다.

(1) 하나님께 예배를 드리는 삶은 그리스도 안에서 감사와 찬송
    을 드리는 생활입니다.

　① 믿음에 굳게 서서 감사하는 생활을 하여야 합니다. (골2:6-7)

　② 믿음의 사람들은 예수 그리스도 안에 거하여야 합니다.
　　(요15:4)

　③ 믿음의 사람들은 항상 찬송의 제사를 하나님께 드리는 생활
　　을 하여야 합니다. 찬송은 그분의 이름을 증언하는 입술의
　　열매이기 때문입니다. (히13:15)

　④ 하나님께서 기뻐하시는 제사는 선을 행함과 나눠주는(봉사
　　와 구제) 것임을 잊지 말아야 합니다. (마5:16, 히13:16)

　⑤ 성령님 안에 살며, 성령님을 근심하게 하지 말아야 합니다.
　　(요14:16-17, 엡4:30)

(2) 하나님께 예배드리는 삶은 그리스도를 닮아가는 삶으로 변
    화하는 것을 의미합니다.

　① 땅에 있는 지체에 속한 것을 죽이게 됩니다.
　　(롬13:12-14, 골3:5)

　② 시험을 기쁘게 여기며, 인내하며 극복하게 됩니다. (약1:2-4)

　③ 믿음으로 하나님과 화평을 누리게 됩니다. (롬5:1)

　④ 그리스도 안에 거함으로 사랑을 실천하는 삶을 살게 됩니
　　다. 사랑은 율법의 완성이기 때문입니다.
　　(롬13:10, 고전13:13)

　⑤ 빛 속에 걸으며, 성령님 충만한 생활을 하게 됩니다.
　　(엡5:17-18, 요일1:7)

　⑥ 결국 우리는 예수 그리스도를 닮아가는 삶을 살게 될 것입니
　　다. (빌2:5, 벧전2:20, 벧후1:4-7, 요일2:6)

4) 주 하나님을 섬기는 삶은 이 세상의 형식적인 것을 버리는 데 있습니다.

(1) 주님 안에서 그분의 힘과 능력으로 강건하여져야만 이 세상을 이길 수 있습니다. (엡6:10-18)

① 마귀를 대적하기 위하여 하나님의 전신갑주(全身甲胄)를 취해야 합니다. (엡6:13)

② 진리로 허리띠를 띠고, 의의 호심경을 붙여야 합니다. (엡6:14)

③ 평안의 복음의 준비한 것으로 신을 신어야 합니다. (엡6:15)

④ 모든 것 위에 믿음의 방패를 가지고, 이로써 악한 자의 모든 불화살을 소멸시켜야 합니다. (엡6:16)

⑤ 구원의 투구와 성령님의 검인 하나님의 말씀을 가져야 합니다. (엡6:17)

⑥ 결론적으로, 모든 기도와 간구를 하되, 항상 성령님 안에서 기도하고, 이를 위하여 깨어 구하기를 항상 힘써야 합니다. (엡6:18)

(2) 하나님께서 미워하시는 것과 그 마음에 싫어하시는 것은 버려야 합니다. (잠언6:16-19)

① 교만한 눈은 싫어하십니다. (잠6:17)

② 거짓된 혀를 싫어하십니다. (잠6:17)

③ 무죄한 자의 피를 흘리는 손을 싫어하십니다. (잠6:17)

④ 악한 계교(計巧)를 꾀하는 마음을 싫어하십니다. (잠6:18)

⑤ 빨리 악에 달려가는 발을 싫어하십니다. (잠6:18)

⑥ 거짓을 말하는 망령된 증인을 싫어하십니다. (잠6:19)

⑦ 형제 사이를 이간하는 자를 싫어하십니다. (잠6:19)

(3) 말세의 고통하는 때의 사람들의 모습에서 돌아서야 합니다.
　　(딤후3:1-5)

　　① 사람들은 자기를 사랑합니다. (딤후3:2)

　　② 돈을 사랑합니다. (딤후3:2)

　　③ 자랑합니다. (딤후3:2)

　　④ 교만합니다. (딤후3:2)

　　⑤ 비방합니다. (딤후3:2)

　　⑥ 부모를 거역합니다. (딤후3:2)

　　⑦ 감사치 아니합니다. (딤후3:2)

　　⑧ 거룩하지 아니합니다. (딤후3:2)

　　⑨ 무정합니다. (딤후3:3)

　　⑩ 원통함을 풀지 않습니다. (딤후3:3)

　　⑪ 모함합니다. (딤후3:3)

　　⑫ 절제하지 못합니다. (딤후3:3)

　　⑬ 사납습니다. (딤후3:3)

　　⑭ 선한 것을 좋아하지 않습니다. (딤후3:3)

　　⑮ 배신합니다. (딤후3:4)

　　⑯ 조급합니다. (딤후3:4)

　　⑰ 자만합니다. (딤후3:4)

　　⑱ 쾌락을 사랑하기를 하나님 사랑하는 것보다 더합니다.
　　　(딤후3:4)

　　⑲ 경건의 모양만 있습니다. (딤후3:5)

　　⑳ 경건의 능력은 부인합니다. (딤후3:5)

　　㉑ 어리석은 여자를 유혹합니다. (딤후3:6)

(4) 이 세상이나 세상에 있는 것들을 사랑해서는 안 됩니다.

　① 세상을 사랑하면 하나님의 사랑이 그 속에 있지 않게 됩니다. (요일2:15-17)

　② 이런 것들은 하나님께로부터 온 것이 아니라, 세상으로부터 온 것입니다. (요일2:16)

　　a. 세상에 있는 것은 육신의 정욕입니다. (요일2:16)

　　b. 세상에 있는 것은 안목의 정욕입니다. (요일2:16)

　　c. 세상에 있는 것은 이생의 자랑입니다. (요일2:16)

　③ 이 세상도, 그 정욕도 지나가되 오직 하나님의 뜻을 행하는 사람은 영원히 거하게 될 것입니다. (요일2:17)

5) 야고보서는 성숙한 그리스도인의 삶을 살게 하는 구체적인 실천 방법들을 제시합니다.

(1) 성경공부와 이를 실천하는 생활이 복된 삶을 사는 성숙한 그리스도인이 되게 합니다. (약1:17-18,21-25)

　① 하나님의 뜻에 따라 진리의 말씀으로 낳아진 우리는 (약1:18)

　② 마음에 심어진 말씀을 온유함으로 받아 (약1:21)

　③ 이를 실천함으로 행하는 일에 복을 받게 될 것입니다. (약1:25)

　④ 온갖 좋은 은사와 온전한 선물이 다 위로부터 빛들의 성부 하나님께로부터 내려오기 때문입니다. (약1:17)

(2) 고난과 인내가 성숙한 그리스도인이 되게 합니다. (약5:10)

　① 믿음의 시련이 성숙한 그리스도인으로 만들어 갑니다. (약1:2-4,12-15)

② 인내가 성숙한 그리스도인이 되게 합니다. (약5:7-11)

③ 고난을 극복하는 기도가 성숙한 그리스도인이 되게 합니다.
(약5:13)

(3) 하나님을 가까이하는 선한 생활이 성숙한 그리스도인이 되게 합니다.

① 하나님을 가까이하는 예배와 기도의 생활이 성숙한 그리스도인이 되게 합니다. (약4:1-17)

② 행함이 있는 믿음으로 나타나는 교회에 대한 봉사의 생활이 성숙한 그리스도인이 되게 합니다. (약2:14-26)

③ 그리스도인의 선한 언어가 성숙한 그리스도인이 되게 합니다. (약1:26-27, 3:1-18)

④ 자기 희생이 성숙한 그리스도인이 되게 합니다. (약5:1-6)

⑤ 외모로 사람을 차별하지 아니하는 성실함이 성숙한 그리스도인이 되게 합니다. (약2:1-13)

⑥ 한 영혼을 구하는 일인 전도하는 생활이 성숙한 그리스도인이 되게 합니다. (약5:19-20)

6) 결론적으로 그리스도인은 육체적인 삶의 목적으로 사는 것이 아니라 하나님의 말씀을 기준으로 살아가는 것입니다. 성숙한 그리스도인이 되기 위해서는 하나님의 말씀을 묵상하며 주 하나님을 섬기는 선한 삶을 살아야만 합니다.
(신8:3)

4. 그리스도인의 성결한 삶과 고난

　그리스도인의 삶의 궁극적인 목적은 무엇일까요? 하나님의 거룩함에 이르는 경건을 연습하는 것은 아닐까요? 많은 선지자들이 주님을 섬기는 거룩한 삶을 살다가 갔습니다. 주님을 따르는 삶은 성결하고도 세상과는 구별된 삶으로 고난이 따른다는 사실을 성경을 통해서 알게 됩니다. 성결한 삶과 고난에 대하여 알아봅니다.

1) 그리스도인의 삶은 성실하고도 '청결한 생활'로 이루어져야 합니다.

(1) 그리스도인은 성결한 생활을 하여야 합니다.

　① 죄에서 벗어나 스스로 깨끗하게 살아야 합니다. (민8:21-22)

　② 마음이 청결한 사람은 하나님을 보게 될 것입니다. (마5:8)

　③ 우리 몸이 성령님의 전인 줄 알고 우리 몸으로 하나님께 영광을 돌려야 하며, 음행하지 말아야 합니다. (고전6:19-20)

　④ 양심의 악을 깨닫고 참 마음과 믿음으로 하나님께 나아가야 합니다. (히10:22)

　⑤ 하나님 앞에서 정결하고, 더러움이 없는 경건으로 또 자기를 지켜 세속에 물들지 않게 해야 합니다. (약1:27)

(2) 그리스도인은 맡은 일을 주님께 하듯 해야 합니다.

　① 일하기를 힘써야 합니다. 성경은 일하기 싫어하거든 먹지 말게 하라고 기록하고 있습니다. (살전4:11, 살후3:10-12)

② 일을 눈가림으로 하지 말아야 합니다. 주님을 두려워하여 주님께 하듯이 성실한 마음으로 하여야 합니다.
(엡6:5-7, 골3:22-23)

③ 지극히 작은 일에도 신실한 자가 되어야 합니다. (마25:21)

④ 상전에게는 성실한 마음으로 그리스도를 섬기듯이 하여야 합니다. (엡6:5-6)

⑤ 진심으로 하나님의 뜻을 실천하여야 합니다. (엡6:6)

(3) 그리스도인은 올바르게 부를 축적함으로써 다른 사람에게 '믿음의 본'이 되어야 합니다.

① 뇌물을 받지 말아야 합니다. 뇌물은 밝은 자의 눈을 어둡게 하여 의로운 자의 말을 굽게 합니다.
(출23:8, 신16:19, 잠17:23, 사5:23)

② 도둑질하지 말아야 합니다. (출20:15, 22:3)

③ 이웃의 것을 탐내어서는 안 됩니다. (출20:17)

④ 물질을 선하게 써야 합니다. (엡4:28)

⑤ 보물을 하늘에 쌓아야 합니다. (마6:20-21)

⑥ 고리는 받지 말아야 합니다. (출22:25)

⑦ 임금은 정당하게 지불하여야 합니다.
기업을 경영하는 사람은 사원들의 임금을 체불하거나 착복하여서는 안 됩니다. (약5:4)

2) 그리스도인의 검소한 생활과 선한 언어는 교회에 덕을 끼치게 될 것입니다.

(1) 의복은 하나님의 선물이므로 옷을 입을 때에는 검소하고 단정하게 입는 것이 좋습니다.

① 의복은 하나님께서 주신 선물입니다. (창3:21)

② 음식(먹을 것)과 의복(입을 것)에 대하여 염려하지 말아야 한다고 가르치셨습니다. (마6:31)

③ 외모보다는 온유하고도 정숙한 마음으로 단장하여야 합니다. (벧전3:3-4)

④ 옷을 입을 때에는 단정하게 입는 것이 교회에 덕을 끼치게 됩니다. (딤전2:9-15)

   a. 단정하게 옷을 입으며, 소박함과 정절로써 자기를 단장하여야 합니다. (딤전2:9)

   b. 머리를 지나치게 꾸미지 말고 금이나 진주나 값진 옷으로 치장하지 않아야 합니다. (딤전2:9)

   c. 믿음과 사랑과 거룩한 모습으로 선행을 하며 정숙하게 살면 구원의 기쁨을 얻게 될 것입니다. (딤전2:10,15)

(2) 검소한 그리스도인의 식생활은 믿음의 덕을 세우게 될 것입니다.

① 하나님께서 음식을 주셨습니다. (창3:18, 시104:14-15)

② 때로는 금식이 큰 유익을 가져옵니다. (사58:6-7)

③ 음식은 감사하는 마음으로 먹어야 합니다. (딤전4:3-4)

④ 시장에서 파는 것은 양심을 위하여 묻지 말고 먹는 것이 좋습니다. (고전10:25)

⑤ 먹기만을 탐하는 사람은 재산을 탕진하게 된다고 성경은 경고하고 있습니다. (잠23:20-21)

⑥ 우상의 제물은 먹지 않는 것이 좋습니다.
(고전8:8-9,13, 10:28)

(3) 그리스도인은 정결한 언어를 사용하여 선한 말을 함으로써

믿음의 본이 되어야 할 것입니다. (시141:3)

① 선한 마음을 가지고 선한 말을 하여야 심판을 면하게 됩니다. 사람이 어떤 무익한 말을 하든지 심판 날에 이에 대하여 심문을 받게 될 것입니다. (마12:34-37)

② 말에 대하여 주의를 기울여야 합니다. 스스로 경건하다고 생각하면서도, 혀를 다스리지 않아 자신의 마음을 속이게 되면, 이 사람의 신앙은 헛되고 말 것입니다. (약1:26)

③ 하나님의 이름은 함부로 불러서는 안 됩니다. 하나님께서는 그분의 이름을 함부로 부르는 사람을 죄 없다 하지 않으신다고 하셨습니다. (출20:7, 제3계명)

④ 성령님을 거역하는 말을 해서는 안 됩니다. 누구든지 말로 성령님을 거역하면 이 세상과 오는 세상에서도 사하심을 받지 못하게 됩니다. (마12:31-32, 막3:29, 눅12:10, 히10:29)

⑤ 비판을 받지 않으려면 남을 비판하지 말아야 합니다. 비판하지 않으면, 비판을 받지 않게 될 것입니다. 정죄하지 않으면, 정죄를 받지 않게 될 것이며, 남을 용서하게 되면, 나 또한 용서를 받게 될 것입니다. (마7:1, 눅6:37)

⑥ 듣기는 빨리 하고 말하기는 더디 하여야 합니다. (약1:19)

⑦ 나쁜 말은 입 밖에 내지 말고 버려야 합니다. 오직 덕을 세우는 선한 말을 하여 듣는 자들에게 은혜를 끼치게 해야 합니다. (엡4:29, 5:3)

⑧ 거짓말하지 말아야 합니다. 무서운 심판을 받게 됩니다. (계21:8)

⑨ 거짓을 버리고 참된 것을 말하여야 합니다. (엡4:29)

(4) 하나님께서 우상 숭배를 금하셨기 때문에 그리스도인에게 우상 숭배는 금물입니다.

① 우상 숭배란 하나님 외의 다른 신을 섬기거나, 어떤 다른 형
   상을 만들어 섬기는 것을 말합니다.
   (출20:4, 엡5:5, 빌3:19, 골3:5/ 비교, 삼상15:23, 마6:24)

② 물건으로 신상을 만들어 절하지 말아야 합니다.
   (출20:4-5, 제2계명)

③ 이방인의 제사는 귀신에게 하는 짓입니다. (고전10:20)

④ 우상 숭배는 영적 간음을 행하는 것입니다.
   (레20:6, 대하21:11-13, 겔6:9, 14:5, 16:17, 23:7,30,37, 호
   4:12, 14, 9:10, 고전10:7-8)

⑤ 우상 숭배자는 유황불 못, 즉 둘째 사망에 가게 됩니다.
   (계21:8)

⑥ 신접한 자, 점쟁이(박수)는 끊어 버려야 합니다.
   (레19:31, 20:6, 대상10:13-14)

⑦ 쾌락을 하나님보다 더 사랑하는 것과 탐심은 우상입니다.
   (골3:5)

⑧ 성도들은 하나님께 항상 찬송의 제사를 드려야 합니다.
   (히13:15)

3) 그리스도인은 술 취하지 말아야 하며, 술에 대하여 경계의 마음을 가져야 합니다.

(1) 성경은 술에 대하여 완전히 정죄하지는 않지만, 술을 멀리
   할 것을 권고합니다.

① 성경은 술에 대하여 완전히 정죄하지는 않습니다.
   (시104:15, 잠31:6)

② 성경은 독주에 대한 위험성을 지적합니다.
   (잠20:1, 사5:11)

③ 제사장과 선지자, 통치자들은 술을 멀리하여야 했습니다.
(레10:9-11, 잠31:4-5, 사28:7, 56:12)

④ 질병으로 인하여 약으로 조금씩 쓸 수도 있습니다.
(딤전5:23)

(2) 그리스도인은 술에 대한 경계의 말씀을 교훈으로 삼아 술에
취하지 말아야 합니다.

① 술 취하는 것은 방탕한 것입니다. (엡5:18)

② 술 취하고 음식을 탐하는 자는 가난하여지게 됩니다.
(잠23:21)

③ 포도주는 붉고 잔에서 번쩍이며 순하게 내려가므로, '보지도
말지어다'라고 성경은 경계하고 있습니다. (잠23:31)

④ 혼합한 술(폭탄주)과 술에 잠기는 것은 재앙과, 근심과, 분
쟁과, 원망의 원인이 됨으로 먹지 말아야 합니다.
(잠23:29-30)

(3) 성경은 술 취한 후에 나타나는 나쁜 망상들을 교훈으로 기록
합니다. (잠23:32-35)

① 술은 뱀 같이 물게 될 것입니다. (잠23:32)

② 독사 같이 쏠 것입니다. (잠23:32)

③ 눈에는 괴이한 것이 보이게 될 것입니다. (잠23:33)

④ 마음은 구부러진 말을 하게 될 것입니다. (잠23:33)

⑤ 바다 가운데 누운 자 같이 될 것입니다. (잠23:34)

⑥ 돛대 위에 누운 자 같이 될 것입니다. (잠23:34)

⑦ 스스로 말하기를 사람이 때려도 아프지 아니하고, 사람이
상하게 하여도 감각이 없다고 하게 될 것입니다. (잠23:35)

⑧ 내가 언제나 깰까 다시 술을 찾겠다 할 것입니다. (잠23:35)

(4) 그리스도인이 술에 취하게 되면 덕스럽지 못한 생활을 하게 됩니다.

① 술은 의식을 잃게 합니다. (창19:32-33)

② 술은 사람을 강포하게 만듭니다. (잠4:17)

③ 거만하고 수다스러워지게 합니다. (잠20:1)

④ 술은 사람을 가난하게 만듭니다. (잠23:21)

⑤ 해를 당하게 됩니다. (잠23:31-32)

⑥ 판단을 그르치게 됩니다. (잠31:4-5)

⑦ 향락에 빠지게 됩니다. (사22:13)

4) 그리스도 안에서 경건하게 살고자 하는 사람들은 반드시 고난을 받게 됩니다. (딤후3:12)

(1) 성도들에게 고난의 근원은 하나님께로부터 오는 것과 유혹으로부터 오는 것, 이 두 가지로 나누어집니다.

① 비가 의로운 자와 불의한 자에게 모두 내리는 것처럼 고난은 모든 사람에게 있습니다. (욥5:7/ 비교, 마5:45)

② 시련으로서의 고난은 하나님께로부터 오는 것이며, 그 시련의 결과는 우리에게 가장 좋은 것을 가져다주는 것입니다. (창22:1-2, 출20:20, 신8:2, 눅22:28-30)

③ 유혹으로서의 고난은 마귀에게서 오는 것이며, 세상과 육신을 이용하여 성도를 공격하며, 성도를 고통에 빠뜨립니다. (창3:1-6, 마4:1, 고후11:3-4, 약1:13-14)

④ 그리스도인이 받는 시험과 고난은 결국 하나님께서 허락하신 것입니다. (욥1:12, 마10:29)

(2) 성도는 고난과 시험을 반드시 경험하게 됩니다.

① 고난은 알지 못하는 순간에 갑작스럽게 여러 가지 시험으로 다가오게 되며, 성도가 고난을 받는 것은 확정적입니다. (약1:2)

② 가장 큰 고난을 받으신 분은 예수님이시며, 우리는 그분의 발자취를 따라 갈 의무가 있습니다. (벧전2:21)

③ 하나님의 징계 또한 그리스도인이면 누구나 다 받는 것입니다. (히12:6-8)

④ 선을 행함으로 고난을 받는 것은 하나님의 뜻입니다. (벧전3:17)

⑤ 하나님께서는 우리에게 감당할 만한 시험을 허락하실 뿐만 아니라, 피할 길을 내어 주십니다. (고전10:13)

(3) 시험과 고난의 모양은 고통과 질병 등 여러 가지 형태로 다가옵니다.

① 시험은 여러 가지 모양으로 다가옵니다. (약1:2)

② 사탄이 고통과 질병을 사람에게 가져다줍니다. (욥2:7)

③ 고통과 질병은 죄 때문에 세상에 들어오게 되었습니다. (창3:18-19, 4:7, 4:12-13, 롬5:12)

④ 하나님은 전화위복으로 유익과 소망을 주시기도 하십니다. (롬5:3-4)

⑤ 성도의 고통은 이 세상에서 잠깐 동안 주어질 뿐입니다. (고후4:17, 벧전5:10, 계21:1)

(4) 하나님께서 고난을 주신 이유는 성숙한 그리스도인으로 만들기 위해서입니다.

① 시험은 인내를 만들어 냄으로써 성도로 부족함이 없게 변화를 가져오게 합니다. (약1:3-4)

② 예수님 안에서 경건하게 살고자 하는 자는 반드시 핍박을 받
게 됩니다. (딤후3:12)

③ 하나님의 징계가 당시에는 즐거워 보이지 않고 슬퍼 보이
나 이로 연단 받은 자들은 의와 평강의 열매를 맺게 됩니다.
(히12:11)

④ 오직 각 사람이 시험을 받는 것은 자기 욕심에 끌려 미혹되
기 때문입니다. (약1:14)

⑤ 시험을 받은 때에는 '하나님께 시험을 받는다'고 해서는 안
됩니다. 하나님께서는 악에게 시험을 받지도 않으시고, 아
무도 시험하시지 않으시기 때문입니다. (약1:13)

(5) 시험과 고난에 임할 그리스도인의 태도는 기쁨입니다.

① 시험을 만나면 그리스도의 고난에 참여하게 되는 것이므로
온전히 기뻐하며 즐거워하여야 합니다.
(마5:12, 골1:24, 약1:2, 벧전4:12-13)

② 고난과 핍박이 올 때는 마음에 그리스도를 주님으로 모심으
로 거룩하고, 선한 양심을 가지되, 온유와 두려움으로 소망
에 관한 이유를 묻는 물음에 대한 대답을 항상 준비하여야
할 것입니다. (벧전3:14-17/ 비교, 눅21:12-15)

③ 하나님의 뜻대로 고난을 받는 사람들은 선을 행하는 가운데
서 그 영혼을 하나님께 의뢰해야 합니다. (벧전4:19)

④ 그리스도인은 시험에 들지 않기를 기도해야 합니다.
(마6:13, 주기도문)

(6) 하나님께서는 우리들의 고난에 반드시 응답하십니다.

① 고난 중에 부르짖으면 주님께서 반드시 응답하십니다.
(시118:5)

② 환란 날에 주님께 부르짖으면 주님께서 반드시 응답하십니

다. (창35:3, 시20:1, 50:15, 81:7, 86:7, 91:15, 120:1)

③ 주님께 부르짖어 기도하면 주님께서 그 기도를 들으시고 반드시 응답하십니다. (렘29:12-13, 33:3)

(7) 시험과 고난 후에 성도는 상급을 받게 됩니다.

① 의를 위하여 고난을 받는 자는 복이 있는 사람입니다. 천국이 그들의 것이기 때문입니다. (마5:10, 벧전3:14)

② 예수님의 이름 때문에 핍박과 욕을 받으면 복 있는 사람입니다. 하늘에서 상을 받게 됩니다. (마5:11-12, 벧전4:14)

③ 인내로 영혼을 얻게 됩니다. (눅21:19)

④ 나중까지 견디는 자는 구원을 얻게 될 것입니다. (마10:22)

⑤ 잠깐 고난을 당한 우리를 그리스도께서 친히 온전케 하시며, 굳건하게 하시며, 강하게 하시며, 견고하게 하실 것입니다. (벧전5:10)

⑥ 시험을 참는 자들은 생명의 면류관을 얻게 됩니다. (약1:12)

5) 결론적으로 주 하나님을 섬기는 그리스도인의 삶은 '성결한 삶'으로 확장되어집니다.

(1) 성결한 삶을 사는 그리스도인의 참된 모습은 성결한 생활과 선한 언어로 교회에 덕을 끼치는 생활이 지속될 것입니다.

(2) 성결한 삶을 살기를 다짐하는 그리스도인에는 고난이 따르기 마련이며, 이 고난을 참고 이겨나갈 때 구원의 기쁨을 누리게 될 것입니다.

5. 하나님께서 허락하신 믿음의 가정

주 예수 그리스도를 믿는 사람들은 먼저 교회와 가정을 통해서 그 믿음의 생활을 실천하게 됩니다. 성경에서 설명하는 믿음의 가정은 어떤 가정이며, 축복은 무엇인지 살펴봅니다. 모범적인 믿음의 가정이 갖추어야 할 가정생활의 원칙은 무엇인지 또한 이 장을 통해서 알게 될 것입니다.

1) 성경에서 모범적인 가정생활의 사람들을 찾아볼 수 있습니다.

(1) 아브라함과 이삭과 야곱은 대를 이은 믿음의 가정의 표본이 됩니다.

① 아브라함과 이삭과 야곱은 하나님께 예배를 드리는 가정이었습니다. (창12:7-8, 22:1-13, 26:23-25, 31:54, 35:1-3)

② 아브라함과 이삭과 야곱은 대를 이은 믿음의 가정으로 하나님의 축복이 늘 함께 하였음을 보여 줍니다.
(창12:1-4, 26:2-5, 28:13-15)

③ 반면에 아브라함이 자기 아내를 누이라고 속이는 모습이 아들 이삭에게도 똑 같이 나타나는 현상을 볼 수 있습니다.
(창12:12-13, 20:2-7, 26:6-11)

④ 또한 이삭의 아내 리브가는 차남 야곱이 형을 속이도록 부추기며, 야곱은 형과 아버지를 속이는 모습을 보입니다. 그 결과로 야곱이 집을 떠난 후 어머니 리브가와 죽을 때까지 만나지 못하게 되는 뼈아픈 모습을 볼 수 있습니다.
(창25:31-34, 27:1-23,35,42-45, 33:1)

(2) 욥은 극도의 고난과 시련을 이겨낸 믿음의 표본입니다.

① 욥은 경건한 믿음의 생활로 하나님께로 가정을 이끌어 간 사람이었습니다. (욥1:4-5)

② 욥은 시련 가운데서도 하나님을 배반하지 않았습니다. (욥9:1-3, 23:1-17)

③ 욥은 고난을 이기고 난 이후에 고난 전보다 배가(倍加)의 축복을 받았습니다. (욥42:10)

(3) 브리스길라와 아굴라는 늘 함께 동행하고 사역하는 믿음의 아름다운 선교의 가정을 이루었습니다.

① 브리스길라와 아굴라는 아내의 이름이 남편의 이름보다 먼저 기록됩니다. 신약성경에 여섯 번 언급되는 중에서 남편의 이름보다 아내의 이름이 네 번이나 먼저 나오는 특징적인 선교의 가정입니다.
(행18:2,18,26, 롬16:3, 고전16:19, 딤후4:19)

② 두 내외는 일상적인 직업(천막지기)을 가졌으며, 두 내외의 이름이 한 번도 분리되어 언급된 적이 없습니다. (행18:2-3)

③ 초대 교회의 특징인 가정 교회를 두 내외의 저택에 설립하여 운영하였습니다. (고전16:19)

④ 브리스길라와 아굴라는 바울의 선교여행에도 함께 동참하였으매, 로마와 고린도, 에베소 등으로 자주 이사하며 살았습니다. (행18:2,18, 롬16:3-4, 고전16:19, 딤후4:19)

⑤ 그들은 아볼로를 자기 집에 초대하여 아볼로의 불완전한 복음을 시정하여 주었습니다. (행18:24-26)

⑥ 전통에 의하면, 저희들은 같은 날 같은 자리에서 목이 잘리는 순교를 당하였다고 합니다.

2) 그리스도인은 가정생활의 원칙을 지켜야 합니다.

(1) 성경은 우리에게 결혼생활에는 질서가 있음을 알려줍니다.

① 결혼은 하나님의 정하신 뜻, 서로가 사랑하고 존중해야 합니다. (창2:24, 마19:4-5, 엡5:22-28)

② 부부는 서로가 의무를 다해야 합니다. (고전7:3-5)

③ 젊을 때 취한 아내를 즐거워하며 순결을 지켜야 합니다. (잠5:18)

④ 결혼의 침소를 더럽히면 하나님께서 심판하시게 됩니다. (히13:4)

⑤ 이혼은 간음죄와 같은 죄입니다. (막10:11-12)

⑥ 결혼은 믿음의 사람과 하여야 합니다. 성경은 '믿지 않는 사람과 멍에를 같이 메지 말라'고 권면하고 있습니다. (고후6:14)

(2) 부부생활의 질서를 지켜야 합니다. (엡5:22-33)

① 부부는 한 남자와 한 여자가 서로 도우며 살아가는 것입니다. (창1:27, 2:18,23-24)

② 부부는 하나님께서 짝지우신 것입니다. (마19:4-6)

③ 부부는 성결해야 합니다. 음행하거나 간음하게 되면 하나님의 심판을 받게 됩니다. (출20:14/제4계명, 잠5:20-21, 히13:4)

④ 남편은 아내를 사랑하고, 아내는 남편을 경외해야 합니다. (잠5:19, 엡5:33)

⑤ 부부간에는 신뢰를 가질 수 있도록 해야 합니다. (히13:4)

⑥ 젊어서 결혼한 아내를 배신하면, 하나님께서 기도를 듣지 않으십니다. (말2:13-15, 마5:31)

(3) 가정생활의 질서를 지켜야 합니다.

　① 자녀를 노엽게 하지 말고 주님의 훈련과 훈계로 양육해야 합니다. (엡6:4)

　② 자녀들은 주님 안에서 부모님을 순종하고 공경해야 합니다. 부모를 공경하는 것은 약속이 딸린 첫 계명으로 자녀가 잘 되고 장수하는 비결입니다. (마15:4-6, 엡6:1-3)

　③ 성경은 불효한 자를 엄격하게 징계하도록 명령합니다. (출21:15,17, 레20:9, 신27:16, 잠20:20, 막7:10)

　④ 매일 가정 예배를 드리고 성경을 자녀들의 마음 판에 새기도록 양육하여야 합니다. (신6:7, 11:19,21, 사38:19)

　⑤ 매일 찬양으로 가정을 이끌어 가야 합니다. (시145:1-2, 엡5:18-20)

　⑥ 쉬지 말고 기도하는 생활을 하여야 합니다. (롬12:12, 살전5:17)

　⑦ 부활하신 주님의 날(주일)에 함께 모여 예배를 드리는 생활을 하여야 합니다. (행20:7, 고전16:2)

　⑧ 빛의 자녀들은 착하고, 의로우며, 진실하게 살아야 합니다. (엡5:8-9)

3) 성경은 그리스도인의 여인상을 제시합니다. (잠언31:10-31)

　하나님을 경외하는 여인(女人)이 아름다운 여인입니다. (잠31:30)

(1) 아름다운 여인은 현숙한 여인입니다.

　① 어진 여인은 남편의 면류관입니다. (잠12:4)

　② 그 값은 진주보다 더 뛰어납니다. (잠31:10)

　③ 남편이 그 아내를 믿습니다. (잠31:11)

④ 슬기로운 아내는 하나님께로부터 주어집니다. (잠19:14)

(2) 아름다운 여인의 행실은 가정에 덕이 됩니다.

① 선행으로 남편을 도우며, 악을 행치 않습니다. (잠31:12)

② 부지런하고 근면할 뿐 아니라 경제적 부를 증대시킵니다.
(잠31:13,16-20,24,27)

③ 상인의 배와 같아서, 먼 곳으로부터 양식을 구하여 옵니다.
가족의 건강을 위하여 먹거리를 걱정하는 모습을 알 수 있습니다. (잠31:14)

④ 밤이 새기 전에 일어나서 음식을 준비하며, 여종에게 일을 정하여 맡기며, 집안 일을 두루 살펴봅니다. 즉, 아침 일찍 일어나 하루 일을 설계하고 계획적으로 일을 처리합니다.
(잠31:15,27)

⑤ 그는 가난한 자와 궁핍한 자를 돕습니다. (잠31:20)

⑥ 눈이 와도 가족들 때문에 걱정하지 않습니다. 항상 가족들을 돌보기 때문입니다. (잠31:21)

⑦ 손수 이부자리를 만들며, 고운 모시옷과 자주색 옷을 지어 입습니다. 자신의 맵시를 가꾼다는 뜻입니다. (잠31:22)

⑧ 자신감과 위엄이 몸에 배어 있고, 미래에 대한 두려움이 없습니다. (잠31:25)

⑨ 입을 열어 지혜를 말하며, 그의 혀로 인애의 교훈을 말합니다. (잠31:26)

(3) 하나님을 사랑하는 여인은 축복을 받게 됩니다.

① 남편이 존귀케 됩니다.
남편은 마을 원로들과 함께 마을 회관을 드나들게 되며, 사람들의 존경을 받게 됩니다. (잠31:23)

② 남편이 아내를 칭찬합니다. (잠31:28-29)

③ 자녀들이 일어나 어머니의 업적을 찬양합니다. (잠31:28)

④ 그녀는 자신이 행한 일들로 칭찬을 받게 됩니다. (잠31:31)

⑤ 고운 것도 거짓되고, 아름다운 것도 헛되지만, 주님을 경외하는 여인은 칭찬을 받게 됩니다. (잠31:30)

4) 그리스도인은 자녀를 올바르게 가르치고 양육해야 합니다.

(1) 그리스도인의 자녀는 반드시 하나님을 경외하는 삶을 살아야만 합니다.

① 하나님을 경외하는 것이 지식의 근본이므로 항상 하나님을 경외하여야 합니다. (욥28:28, 시111:10, 잠1:7, 9:10, 23:17)

② 하나님을 경외하면 장래가 있고, 소망이 끊어지지 않게 될 것입니다. (잠23:18)

(2) 성경은 부모를 공경하고 효도하는 자녀의 모습을 가르칩니다. (잠1:7-10, 엡6:1-4)

① 주님 안에서 부모님께 순종하여야 합니다. (엡6:1)

② 부모님을 공경하여야 합니다. 성경은 부모님을 공경하면 하나님께서 주신 땅에서 장수하게 된다고 약속하고 있습니다. (출20:12; 신15:16/제5계명, 엡6:2)

③ 아버지의 가르침을 잘 들으며 어머니의 가르침을 저버리지 말아야 합니다. (잠1:8, 4:1-2,4,20-23, 6:20, 7:1-3)

④ 부모님의 말씀을 순종하면 하나님을 경외하는 방법을 깨달으며 하나님을 알게 될 것입니다. (잠2:1-5)

⑤ 부모님의 말씀을 받아들이면 공의와 공평과 정직, 즉 모든 선한 길을 깨닫게 될 것입니다. (잠2:9)

⑥ 지혜로운 아들은 아버지를 기쁘게 합니다. (잠10:1, 15:20)

⑦ 아들이 지혜로우면 부모의 마음이 즐겁게 되고, 아들의 입술이 정직을 말하면 부모의 가슴이 유쾌해집니다. (잠22:15)

⑧ 아버지를 조롱하며 어머니 순종하기를 싫어하는 자의 눈은 골짜기의 까마귀에게 쪼이고 독수리 새끼에게 먹히게 됩니다. (잠30:17)

(3) 그리스도인의 자녀는 선한 삶을 살아야 합니다.

① 지혜와 명철을 가져야 합니다. (잠언4:5-9, 7:4)

② 악한 자가 꾈지라도 좇지 말아야 합니다. (시1:1, 잠1:10)

③ 선한 도리의 법과 바른 길을 떠나지 않아야 합니다. (잠4:2, 23:19)

④ 음녀의 길로 치우치지 말아야 합니다. (잠7:25-27)

(4) 성경은 자녀에 대하여 올바른 길을 가르치며 훈계할 것을 명령하고 있습니다.

① 마땅히 행할 길을 자녀에게 가르치면 늙어서도 그것을 떠나지 않을 것입니다. (잠22:6)

② 아이를 훈계하기 위하여 채찍으로 때릴지라도 죽지 않을 것입니다. (잠23:13-14)

5) 결론적으로 하나님의 사람들은 성경에서 가르치는 가정생활의 원칙을 지키며 생활하여야 하며, 자녀의 양육 또한 하나님께서 가르치신 말씀 안에서 이루어져야 함을 알 수 있습니다.

6. 그리스도인의 경제생활

성도들이 금전 문제로 곤란을 겪는 경우를 많이 보게 됩니다. 예수님께서 그리스도인이 돈을 어떻게 벌어야 하는지를 직접 말씀하신 적은 없지만, 성경에서 비유의 소재로서 부의 문제를 언급하고 있습니다. 부의 축적은 그리스도인에게도 매우 중요한 성경을 통해서 그리스도인의 올바른 경제생활을 알아봅니다.

1) 복되고 부유한 생활은 하나님의 축복입니다.

(1) 믿음의 조상들은 하나님의 말씀을 믿고 따름으로써 경제적 부와 명예를 누리며 살았습니다.

① 아브람은 하나님의 말씀을 준행하여 본토를 떠나 하나님께서 지시하시는 땅으로 나아감으로써 거부가 되었을 뿐만 아니라 족장이 되었으며, 아브라함으로 이름을 바꾸어 축복된 생활을 누렸습니다. (창12:1-4, 17:4-8)

② 이삭은 믿음의 아버지를 따라 하나님을 순종하는 생활을 함으로써 축복을 받아 거부가 되었습니다. (창22:1-17, 26:12-14)

③ 야곱은 장자의 직분을 살 정도로 축복을 쟁취하였으며, 하나님과의 만남을 통하여 이스라엘로 이름을 바꾼 후 축복된 이스라엘의 족장이 되었습니다. (창27:5-29)

④ 요셉은 야곱이 사랑했던 아내 라헬로부터 태어난 사랑의 아들이었습니다. 많은 고난 후에도 정직함을 잃지 않고 하나님을 믿음으로 애굽(이집트)의 국무총리가 되었습니다. (창41:39-43)

⑤ 믿음의 조상들에게서 얻을 수 있는 교훈은 하나님을 믿는 믿음과 절대적인 순종의 자세를 가질 때 하나님께서 함께 하셨다는 사실입니다. 하나님께서 주신 부의 근원은 바로 하나님에 대한 신뢰와 믿음임을 알 수 있습니다.

(2) 성경은 부귀와 재물이 하나님께 있고, 하나님을 믿고 사랑하며 말씀을 지키는 성도들에게 경제적 부와 복을 함께 허락한다는 사실을 분명히 설명합니다. (잠8:17-21)

　① 하나님께 부귀와 재물이 있습니다. (잠8:18)

　② 하나님을 경외함 보상은 재물과 생명과 영광입니다. (잠22:4)

　③ 하나님을 사랑하는 자들에게 재물을 얻도록 하여 그 곳간에 채우게 하려하신다고 하셨습니다. (잠8:21)

　④ 하나님께서 주시는 복은 사람으로 부하게 하고 근심을 겸하여 주시지 않습니다. (잠10:22)

　⑤ 하나님께서 온전한 십일조를 드리는 자에게 하늘 문을 열고 복을 쌓을 곳이 없도록 부어주신다고 말씀하셨습니다. (말3:10)

(3) 재물을 가진 자는 재물에 대한 경계의 말씀에 귀를 기울여야 합니다. 그래야만 재물을 잃어버리지 않게 됩니다.

　① 반드시 하나님을 기억하여야 합니다. 하나님께서 우리에게 재물을 얻을 능력을 주시기 때문입니다. (신8:18)

　② 하나님께서 주시는 것은 금이나 정금보다 더 낫다는 것을 알아야 합니다. (잠8:19)

　③ 모든 것이 다 주님께로부터 왔으므로, 모든 것이 다 주님의 것이라는 사실을 알아야합니다. (대상29:14,16)

④ 우리가 얻은 재물과 첫 소산물의 처음 익은 열매로 하나님을 공경하여야 합니다. (잠3:9)

⑤ 부귀는 부지런한 자에게만 온다는 사실을 명심해야만 합니다. 게으른 자에게는 부귀가 찾아 올 수 없습니다. (잠12:27)

⑥ 자기의 재물을 의지하고 부유함을 자랑하는 자는 아무도 자기의 형제를 구원하지 못하며, 그를 위한 속전 또한 하나님께 바치지 못하게 됩니다. (시49:6-7, 52:7)

⑦ 상거래 시에는 공의와 정의를 하나님께서 기뻐하신다는 사실을 분명히 알아야 합니다.
(레19:36, 신25:13-16, 렘9:24, 미6:6, 암5:24)

⑧ 가난한 자의 것을 토색해서도 안 된다는 사실을 알아야 합니다. (사10:2, 16:4)

⑨ 재물이 아무리 늘어도 거기에 마음을 두어서는 안 됩니다. (시52:7, 약5:3)

⑩ 재물은 영원히 있지 않다는 사실을 분명히 알아야 합니다. (잠27:24, 전5:14)

⑪ 부자는 그의 부함을 자랑해서는 안 됩니다. 하나님께서는 하나님을 아는 것과 사랑과 정의와 공의를 땅에 행하는 분이심을 깨닫는 것을 기뻐하신다는 사실을 명심해야 합니다. (렘9:23-24/ 비교, 잠23:4)

⑫ 재물을 가진 자는 하나님께로부터 재물을 위탁받은 것처럼 진실한 청지기로서의 삶을 살아야 합니다. (눅12:42-43)

(4) 그리스도인의 경제생활에는 하나님의 계획하신 의도와 목적이 있습니다.

① 하나님께서는 우리의 근본적 생활에 필요한 것들을 공급하여 주시길 원하십니다. (마6:31-32, 빌4:19)

② 하나님의 능력을 깨닫게 되기를 원하십니다.
(대하16:9, 말3:10, 히11:6)

③ 그리스도인들을 하나로 연합시켜 주시길 원하십니다.
(고후8:14-15/ 비교, 고후8:1-2)

④ 하나님께서 기뻐하시는 길을 보여 주시길 원하십니다.
(빌4:13-18)

(5) 성경은 올바르지 못한 경제생활에 대하여 지적합니다.

① 빚진 삶이 되어서는 안 됩니다.
가난한 자는 채주의 종이 되며, 부자는 가난한 자를 주관하
게 됩니다. (잠22:7)

② 돈을 사랑하는 삶이 되어서는 안 됩니다.
돈을 사랑하는 것은 일만 악의 뿌리가 됩니다. 파멸과 멸망
에 빠지게 할 수 있습니다. (딤전6:9-10)

③ 자기 생활에 너무 얽매이는 생활이 되어서는 안 됩니다.
(딤후2:4)

④ 급히 재물을 얻으려는 욕심에 눈이 어두워져서는 안 됩니
다. (잠28:22)

⑤ 임금을 착취하거나 부당한 이익을 얻으려고 해서는 안 됩
니다. (약5:1-4)

⑥ 재물을 섬기는 삶이 되어서는 안 됩니다. 성도는 하나님과
재물을 겸하여 섬길 수 없습니다. (마6:24)

(6) 초대 교회의 그리스도인들은 서로 재물을 통용하고 공동 소
유와 분배를 통하여 신앙 공동체가 경제적 공동체로 연합되
었음을 보여 줍니다. (행2:42,44-45)

2) 성경에서 경제생활에 대한 지혜와 교훈을 얻을 수 있습니다.

(1) 하나님의 나라와 부의 증대에 대한 교훈을 살펴봅니다.

① 하나님을 사랑하는 사람들이 부하여집니다.
하나님을 사랑하는 자들이 하나님의 사랑을 입게 됩니다.
(잠언8:21)

② 부와 명예는 하나님의 선물입니다.
재물과 부는 하나님의 선물임을 분명히 알아야 합니다.
(잠22:4, 전5:19)

③ 하나님을 찾는 자들이 부자가 됩니다.
재물과 부가 하나님께 있으므로 하나님을 간절히 찾고 찾는
자가 부를 누리게 됩니다. (잠8:17-18, 렘29:13)

④ 돈보다는 하나님의 은혜를 먼저 구하여야 합니다.
많은 재물보다 은혜를 더욱 더 사모하여야 합니다. (잠22:1)

⑤ 어릴 때부터 부를 얻는 방법을 가르쳐야 합니다.
마땅히 행할 길을 아이들에게 가르치라고 성경은 교훈합니다.
(잠언1:8-14, 22:16, 23:12-14)

⑥ 하나님께서 주시는 부는 근심이 없습니다.
하나님께서 부를 주실 때 근심을 함께 주시지 않습니다.
(잠언10:22)

⑦ 고난은 모든 이에게 있습니다.
고난을 극복할 수 있는 지혜를 가져야 합니다. (잠24:10)

(2) 그리스도인의 돈을 버는 방법은 세상 사람과 달라야 합니다. 성경의 여러 가지 비유와 사례에서 돈을 버는 지혜를 얻을 수 있습니다.

① 십일조를 드림으로 하늘 곳간에 쌓음과 같이 저축하는 생활을 하여야 합니다. (십일조의 생활, 말3:8-12)

② 투자에는 반드시 이윤을 남겨야 합니다.
(달란트의 비유와 씨 뿌리는 비유, 마13:1-9, 눅19:11-27)

③ 여러분의 안전한 주거에 투자를 하여야 합니다.
(반석 위에 지은 집의 비유, 마7:24-27)

④ 적어도 그 분야에는 최고의 전문가가 되어야 합니다.
(성경에 통달했던 바울의 부르심과 소명, 행22:3)

⑤ 돈은 온전하게 정당하게 벌어야 합니다.
(정의의 아모스 선지의 외침, 암5:24)

⑥ 더 나은 미래를 위하여 투자를 하여야 합니다.
(젊은 시절의 고생, 편안한 여생, 잠3:10, 전11:1)

⑦ 투자에는 믿음으로 신중을 기하여야 합니다.
(그리스도와 벨리알이 조화되겠는가? 고후6:14-16, 잠1:13-15)

⑧ 돈으로 사람을 교제할 수 있어야 합니다.
(약지만 슬기로운 종의 비유, 눅16:1-9)

⑨ 지혜를 사모하여 더욱 유능한 사람이 되어야 합니다.
(지혜를 더욱 사모하라, 잠3:13-14, 20:15, 대상28:21)

⑩ 근면하고 정직하며 성실한 사람이 되어야 합니다.
(신실한 종과 맡은 일에 최선을 다하는 자, 마24:45, 25:23)

3) 하나님의 축복을 받은 사람과 그렇지 못한 사람들의 이야기는 우리 그리스도인들에게 교훈이 됩니다.

(1) 성경에서 패망한 사람들의 교훈을 살펴봅니다.

① 가룟 유다는 돈에 대한 유혹을 이기지 못하였습니다. 은 삼십에 주님을 팔았던 그 죄책감을 이기지 못하여 결국은 자살하고 말았습니다. (마26:15, 27:3-10, 요12:4-6)

② 아나니아와 삽비라는 재물의 유혹으로 성령을 속임으로써 결국은 죽음에 이르게 되었습니다. (행5:1-11)

③ 에서는 작은 '빵'으로 가장 중요한 '축복'을 놓쳤습니다. 장자의 직분을 동생에게 죽 한 그릇에 팔고 마는 어리석음을 범했습니다. (창25:29-34, 27:34-35)

④ 홉니와 비느하스는 재물의 탐욕으로 하나님을 소홀히 여김으로써 결국 하나님의 저주를 받게 되어 죽음에 이르고 말았습니다. (삼상2:12-17,34, 4:11)

⑤ 롯은 인간의 눈으로 자신의 인생을 투자하여, 결국 아내는 소금기둥이 되고 빈털터리가 되고 말았습니다.
(창13:5-13, 19:26,30)

⑥ 발람은 뇌물에 눈이 어두워져서 하나님의 명령을 거역하여 나귀에게 조롱을 당하였습니다. (민22:20-35)

(2) 성경에서 성공한 사람들의 교훈을 살펴봅니다.

① 마리아는 옥합을 깨뜨려 주님을 섬긴 여인으로 그 이름이 성경에 기록되어 후대에 길이 전해지게 되었습니다.
(마26:6-13)

② 수넴 여인은 하나님의 사람을 섬김으로 예기치 않는 축복의 아들을 얻었을 뿐만 아니라, 후일 재물이 회복되는 은혜를 누렸습니다. (왕하4:8-37, 8:3-6)

③ 나오미의 며느리 룻은 효심이 가득하여 예수그리스도의 계보 가운데 여성의 선조로 이름이 기록됩니다.
(룻1:15-18, 마1:5)

④ 아브라함과 이삭과 야곱의 성공은 대를 잇는 믿음은 우리 그리스도인들이 남겨야 할 유산이 믿음이 되어야 한다는 사실을 일깨워 줍니다. (창17:7)

⑤ 욥은 많은 고난이 있었지만 인내로써 하나님의 인정함을 얻은 축복의 인생을 누렸습니다. (욥1:1, 42:10-17)

⑥ 다윗과 요나단은 죽음의 순간까지 우정의 아름다운 복을 누렸습니다. (삼상20:17, 23:18)

⑦ 솔로몬이 지혜를 구하며 하나님께 예배(일천번제)를 드렸을 때 하나님께서 구하지 않은 부귀와 영광을 함께 약속했습니다. 평생에 왕들 중에 솔로몬 같은 사람이 없을 것이라고 약속하셨습니다. (왕상3:10-13)

⑧ 예수님을 만난 사개오는 세리로서 예수님을 집으로 모셔 들일 수 있는 복을 누렸습니다. (눅19:2-9)

⑨ 요셉은 정직과 성실로 고난 후에도 축복을 받은 꿈의 사람이었습니다. 우리는 미래를 더 나은 생활로 하나님께서 주신 꿈을 꿀 수 있어야 합니다. (창37:5-11, 39:7-23, 42:6-8)

⑩ 히스기야의 기도는 하나님의 보좌를 움직임으로 생명을 십오 년간이나 연장받았으며, 그 증표로 해의 움직임을 보이실 정도로 하나님을 감동시켰습니다. (사38:1-8)

⑪ 스데반은 용서의 기도를 드리는 모습을 보임으로써 박해자 바울을 회심시켰으며, 그 결과 교회의 새 역사를 쓸 수 있는 위대한 한 사람을 탄생시켰습니다. (행7:54-60, 8:1-3)

⑫ 베드로는 모든 것을 버리고 예수님을 따름으로써 반석이라는 베드로의 이름 위에 교회가 우뚝 서게 되었습니다. (마16:18)

4) 예수님의 비유를 심도 있게 살피면 그 안에 재물에 대한 교훈이 숨어 있음을 알 수 있습니다.

(1) 예수님께서 재물(돈)에 대하여 경계하신 말씀은 우리가 재

물에 현혹되지 말하야 함을 보여 줍니다.

① 재물이 있는 곳에 마음도 있다고 하셨습니다.
재물은 하늘에 쌓아 두어야(구제와 헌금)함을 가르치셨습니다. (마6:19-21, 눅12:33-34)

② 하나님과 재물을 함께 섬길 수 없다고 하셨습니다.
(마6:24, 눅16:13)

③ 세상의 염려와 재물에 대한 유혹을 이기지 못하면 마치 가시떨기에 뿌려진 씨앗처럼 말씀이 막혀 그 결실을 맺지 못하게 됩니다. (마13:22)

④ 가버나움에서 오해 당하지 않케 하기 위하여 베드로에게 성전세를 내게 하셨습니다. (마17:24-27)

⑤ 황제에게 바치는 세금 논쟁에 대하여, 황제의 것은 황제에게 하나님의 것은 하나님께 돌려드리라고 말씀하셨습니다. (마22:15-22, 막12:13-17, 눅20:20-26)

⑥ 신실한 종과 신실하지 않은 종의 비유에서, 그리고 달란트의 비유에서 재물로 비유의 소재를 삼으셨습니다. (마24:45-51, 25:14-30, 눅12:41-48, 19:11-27)

⑦ 한 부자 청년은 모든 소유를 팔아 가난한 자에게 나누어주고 주님을 좇으라는 명령을 돈을 사랑하였기 때문에 지키지 못하였습니다. (마19:16-30, 막10:21-23, 눅18:18-30)

⑧ 한 부자 청년의 교훈에서 '부자가 하나님의 나라에 들어가는 것보다 낙타가 바늘귀로 지나가는 것이 더 쉽다'고 교훈하셨습니다. (막10:25)

⑨ 재물을 쌓아두고도 하나님에 대하여 부요치 못한 어리석은 자의 비유를 들어 탐심을 물리칠 것을 말씀하셨습니다. (눅12:13-21)

⑩ 우리의 소유를 팔아 구제를 실천함으로써 하늘에 보물을 쌓으라고 하셨습니다. (눅12:33)

⑪ 보물이 있는 곳에 마음도 있다고 하셨습니다.
(마6:24, 눅12:34)

⑫ 목숨을 위하여 무엇을 먹을까 무엇을 입을까 구하지 말고 그분의 나라와 그분의 의를 구하면, 이 모든 것을 더하여 주신다고 하셨습니다. (마6:31-33, 눅12:31)

(2) 천국과 재물에 대한 교훈을 예수님의 비유에서 찾아봅니다.

① 하나님의 것은 하나님께 반드시 구별하여 드려야 합니다.
(하나님의 것, 황제의 것, 마22:15-22)

② 부유한 사람은 어려운 이웃을 위하여 그 재물을 사용하거나 나눌 수 있어야 합니다.
(선한 사마리아 사람 이야기, 눅10:29-37)

③ 재물로써 하늘에 상급을 쌓을 수 있어야 합니다.
(하늘에 보물을 쌓으라, 마6:19-21, 눅12:33-34)

④ 영혼이 잘되면 모든 일에 축복이 넘치게 됩니다.
(복 있는 사람의 교훈, 마5:3-12)

⑤ 하나님과 세상, 두 주인을 섬길 수는 없습니다. 하나님을 선택할 수 있어야 합니다.
(하나님과 재물사이의 선택, 눅16:10-13)

⑥ 재물은 유혹의 원인이 됩니다. 예수님께서도 마귀로부터 먹을 것과 명예, 재물에 대한 시험을 받으셨던 사실이 있습니다. (세 가지의 유혹을 받으신 예수님, 마4:1-11, 눅4:1-13)

(3) 생명과 재물에 대한 교훈을 예수님의 비유에서 찾아봅니다.

① 재물은 잃어버릴 수 있는 것입니다.
(돌아온 탕자의 비유, 눅15:11-32)

② 부자는 구원받기 어렵다는 사실을 예수님은 비유와 실례를 들어 말씀하셨습니다.
(부자에 대한 교훈, 마19;23, 막10:23-27. 눅18:24-27)

③ 우리의 먹거리나 잠잘 곳과 모든 부는 하나님께서 허락하신 축복이란 사실을 알아야 합니다.
(들의 꽃과 새들의 축복, 마6:25-34, 눅12:22-32)

④ 재물로 생명을 보장받지 못한다는 사실을 알아야 합니다.
(어리석은 부자 이야기, 눅12:16-21)

⑤ 도움을 얻기를 바란다면 먼저 베풀어야 합니다.
(황금률, 눅6:31, 마7:12)

⑥ 하나님을 섬김이 모든 복의 근원임을 깨달아야 합니다.
(너희는 먼저 그의 나라와 의를 구하라, 마6:33)

5) 그리스도인의 올바른 경제생활은 바른 헌금생활에서 출발합니다.

(1) 예수님께서 올바른 헌금의 자세에 대하여 가르치셨습니다.

① 예수님께서 헌금의 기본자세에 대하여 말씀하셨습니다. 헌금에는 율법의 근본정신인 정의와 긍휼과 믿음이 함께하여야 한다는 사실을 말씀하셨습니다. (마23:23)

② 가난한 과부는 두 렙돈을 드렸지만, 이 과부가 생활비 전부를 드린 것을 주님께서 아시고 제자들에게 말씀하셨습니다.
(막12:41-44, 눅21:1-4)

③ 예수님께 값비싼 옥합을 깨뜨려 예수님의 발을 씻긴 여인을 제자들에 대하여 변호하셨습니다.
(마26:6-13, 막14:3-9, 요12:1-8)

(2) 그리스도인은 바른 헌금을 드릴 때 하나님께서 축복을 더하

심을 알아야 합니다.

① 하나님의 소유를 도적질해서는 안 됩니다.

십일조는 하나님의 것입니다. 온전한 십일조를 드려 하나
님의 집에 양식이 있게 하면 하나님께서 하늘 문을 열고 복
을 쌓을 곳이 없도록 붓는다고 말씀하셨습니다. (말3:7-12)

② 하나님을 찾는 것이 축복의 근원임을 알아야 합니다.

하나님을 사랑하는 자들이 하나님의 사랑을 입으며 하나님
을 간절히 찾는 자가 하나님을 만나게 되며, 재물과 부도 하
나님께 있다고 말씀하시고 계십니다. (잠언8:17-21)

6) 부자가 되려는 사람이나 부자인 사람들은 성경이 교훈하는 주님의 말씀을 들어야 합니다.

(1) 부자가 되려고 하는 사람들은 성경이 가르치는 말씀을 마음
에 새겨 담을 필요가 있습니다.

① 무리하게 부를 축적하려고 하면 시험에 빠지게 됩니다.

부하려 하는 사람들은 시험과 올무와 여러 가지 어리석고
해로운 욕심에 떨어지게 되어 결국 파멸과 멸망에 빠지게
됩니다. (딤전6:9)

② 돈을 사랑하는 것이 일만 악의 뿌리가 됩니다.

돈을 탐하는 사람들은 미혹을 받아 믿음에서 떠나 많은 근
심으로써 자기 자신을 찌르게 됩니다. (딤전6:10)

③ 자족하는 마음은 경건에 큰 유익이 됩니다.

우리는 세상에 아무 것도 가지고 온 것이 없으므로 또한 아
무 것도 가지고 가지 못할 것입니다. 우리에게 먹을 것과 입
을 것이 있다는 사실 하나로 만족할 줄 알아야 할 것입니다.
(딤전6:6-8)

(2) 주님을 섬기는 그리스도인들이라면 부유한 사람들에게 가르치는 하나님의 음성을 들어야 합니다. (딤전6:17-18)

① 부한 자들은 마음을 높이지 말고 정함이 없는 재물에 소망을 두지 말아야 합니다. (딤전6:17)

② 오직 마음을 우리에게 모든 것을 후히 주시며 누리게 하시는 하나님께 두어야 합니다. (딤전6:17)

③ 선을 행하고 선한 사업을 많이 하고 나누어 주기를 좋아하며 너그러운 사람이 되어야 합니다. (딤전6:17)

④ 이것이 장래에 자기를 위하여 좋은 터를 쌓아 참된 생명을 얻는 것이 됩니다. (딤전6:17-18)

⑤ 자랑하는 자는 오직 명철하여 하나님을 아는 것과 하나님은 사랑과 정의와 공의를 땅에 행하시는 분이심을 깨달아야 합니다. (렘9:24)

(3) 스스로 부자라 하여 하나님의 일을 소홀히 하면 주님께로부터 책망을 받게 됩니다. 라오디게아 교회의 교훈에서 알 수 있습니다. (계3:14-22)

① 라오디게아 교회는 스스로 부자라고 인식하였으며, 부요해서 더 이상 부족한 것이 없다고 하였으나, 곤고한 것과 가련한 것과 눈먼 것과 벌거벗은 것을 알지 못한다는 강한 책망을 받았습니다. (계3:17)

② 라오디게아 교회의 가장 큰 책망은 미지근하여 뜨겁지도 아니하고 차지도 아니하다는 것이었습니다. 주님께서 입에서 토하여 버리신다고 하셨습니다. (계3:15-16)

③ 이에 대한 해결책은 불로 연단한 금을 사서 부요하게 하고 흰 옷을 사서 입어 벌거벗은 수치를 가리고 안약을 사서 눈에 바르는 것이었습니다. 부자여서 처음 주님의 사랑에서

떠나 있다면 회개하고 주님의 일에 열심을 내어야 할 것입니다. (계3:18-19)

(4) 사람의 생명이 그 소유의 넉넉함에 있지 않다는 사실을 깨닫고 탐심을 물리치며 주님께 가까이 나아가는 생활을 하여야합니다. (눅12:15, 딤전6:6-10)

　① 부하려 하는 자들은 시험과 올무와 여러 가지 어리석고 해로운 욕심에 떨어지게 됩니다. 사람으로 파멸과 멸망에 빠지게 만듭니다. (딤전6:9)

　② 돈을 사랑하는 것은 일만 악의 뿌리가 됩니다. 돈을 탐내는자들은 미혹함을 받아 믿음에서 떠나 많은 근심으로 자기를찌르게 됩니다. (딤전6:10)

　③ 우리에게는 먹을 것과 입을 것이 있는 만큼 족한 줄로 알아야 합니다. (딤전6:8)

　④ 우리가 세상에 아무 것도 가지고 온 것이 없으므로 또한 아무 것도 가지고 가지 못한다는 사실을 알아야 합니다.
　(딤전6:7)

7) 결론적으로 그리스도인은 부와 명예가 하나님께 있음을 알고, 하나님께 소망을 두는 선한 삶을 살아야 합니다.

(1) 그리스도인은 하나님의 것을 별도로 구별하여 드려야 하며,
　(말3:10)

(2) 모든 재물과 부와 명성도 모두가 하나님께 있음을 깨닫는 것이 부의 출발이며 근본임을 알아야 합니다. (잠언 8:17-21)

7. 그리스도인의 복된 삶과 사회적 책임

하나님의 말씀인 성경은 그리스도인이 공의를 실천하여야 함을 설명하고 있습니다. 그리스도인의 복된 삶이 무엇이고, 사회정의를 실천하기 위해서 그리스도인이 갖추어야 할 태도는 어떤 것일까요? 이 장에서는 그리스도인의 복된 삶이 어떤 것인지 또한 사회적 책임과 어떤 상호 연관성이 있는지 알아봅니다.

1) 그리스도인의 복된 삶은 하나님의 가르치신 말씀을 따라 생활하는 것입니다.

(1) 그리스도인의 복된 삶은 주님께서 주신 복을 누리며 사는 삶입니다.

① 겸손과 하나님을 경외함의 보상은 재물과 영광과 생명입니다. (잠22:4)

② 하나님께서 주시는 복은 사람을 부하게 하고, 근심을 겸하여 주시지 않습니다. (잠10:22)

③ 공의와 인자를 따라 구하는 자는 생명과 공의와 영광을 얻게 됩니다. (잠21:21)

④ 하나님을 경외하면 구원과 지혜와 지식이 풍성하게 될 것입니다. (사33:6)

(2) 그리스도인의 복된 삶은 말씀 가운데 사는 삶입니다.

① 대회(大會, 예배를 가리킴) 가운데 주님께 감사하며, 많은 백성 가운데서 주님을 찬송합니다. (시35:18)

② 그리스도인의 소유는 주님의 말씀과 법도를 지키는 것입니다. (시119:56-57)

③ 주님의 계명들을 금, 곧 순금보다 더 사랑합니다. (시119:127)

④ 주님의 말씀의 맛이 꿀보다 더 달게 느껴집니다. (시119:103)

⑤ 주님의 법을 사랑하며, 즐거워하여 밤낮으로 묵상합니다. (시1:1-2, 시119:78)

⑥ 주님의 말씀은 심히 순수하므로, 주님의 말씀을 사랑합니다. (시119:140)

⑦ 날마다 주님을 송축하며, 영원히 주님의 이름을 송축합니다. (시145:2)

(3) 그리스도인의 복된 삶은 하나님을 경외하는 삶입니다.

① 마음으로 죄인의 형통함을 부러워하지 말고, 항상 하나님을 경외하여야 합니다. (잠23:17)

② 하나님을 경외하면 장수하게 됩니다. 그러나 악인의 수명은 짧아지게 됩니다. (잠10:27)

③ 하나님을 경외하면 생명에 이르게 됩니다. 하나님을 경외하는 자는 풍족하게 지내고, 재앙을 당하지 않게 됩니다. (잠19:23)

(4) 그리스도인의 복된 삶은 정의를 행하며, 덕스런 삶을 사는 삶입니다. (시15편)

① 의인의 입은 지혜로우며, 그의 혀는 정의를 말하고, 그의 마음에는 하나님의 법이 있으므로, 그의 발걸음이 흔들리지 않습니다. (시37:30-31)

② 주님의 성산(聖山)에 거하는 사람들은 정직하게 행하며, 공

의를 실천하며, 그 마음에 진실을 말하며, 그의 혀로 남을 허
물하지 않으며, 그 이웃에게 악을 행하지 않으며, 그의 이웃
을 비방하지 않는 사람입니다. (시15:1-3)

③ 주님을 두려워하는 사람을 존대하며 그의 마음에 서원한 것
은 해가 되더라도, 변함없이 지키는 사람입니다. (시15:4)

④ 이자를 받으려고 돈을 꾸어 주지 아니하며 뇌물을 받고 무
죄한 자를 해하지 않습니다. 이런 일을 행하는 사람은 영원
히 흔들리지 아니할 것입니다. (시15:5)

2) 국가와 사회를 위하여 정의를 실천하며 기도하여야 합니다.

(1) 그리스도인은 하나님께서 주신 복된 삶, 즉 고요하고, 평안
한 생활을 누리기 위하여 국가와 사회의 구성원으로서 기도
할 의무와 책임이 있습니다. (딤전2:1-2)

① 하나님의 소유와 가이사의 것을 구별해야 합니다. (마22:21)

② 권세는 하나님께로부터 난 것이며, 하나님의 정하신 것입니
다. (롬13:1-3)

③ 우리 성도들이 고요하고 평안한 생활을 누리기 위하여 국가
와 위정자, 모든 사람들 모든 사람을 위해 기도해야 합니다.
(딤전2:1-3)

④ 성경은 권세를 거스르는 것은 하나님의 명을 거스르는 것으
로 인식하여 권세를 거스르게 되면 심판을 자취하게 될 것
이라고 경고하고 있습니다. 통치자들과 집권자들에게 순종
하는 것이 평안을 위하여 좋은 일이라고 기록하고 있습니
다. (롬13:2, 딛3:1)

⑤ 하나님을 아는 백성은 강하여 용맹을 발휘하게 됩니다.
(단11:32)

(2) 성경은 그리스도인이 공의와 정의를 실천하는 생활을 하여
야 한다는 점을 강조하고 있습니다.

① 그리스도인은 선을 행하여야 합니다. 우리의 착한 행실을
통하여 하늘에 계신 하나님께 영광을 돌려야 합니다.
(마5:16, 롬13:3, 벧전2:12/ 비교, 잠3:3, 4:2, 살후3:13)

② 하나님께서는 행악자를 절대적으로 싫어하십니다.
(신25:16, 시5:5/ 비교, 마15:19-20, 막7:20-23)

　　a. 하나님은 악인을 의롭다 하지 아니하십니다. (출23:7)

　　b. 하나님을 향하여 악을 행하는 사람은 하나님의 자녀가
　　아닙니다. (신32:5)

　　c. 하나님께서는 악을 행하는 자들을 땅에서 자취를 끊으실
　　것이며, 영원히 멸망하게 될 것입니다.
　　(시34:16, 37:9, 92:7,9, 101:8, 잠언24:19-20, 사14:20)

　　d. 악을 행하는 자는 반드시 심판을 받게 됩니다.
　　(미2:1, 말4:1, 마12:34-37, 25:46, 요삼1:11)

③ 하나님께서 우리의 모든 행동에 진심으로 원하시는 것은 정
의와 긍휼과 믿음이라는 사실을 알아야 합니다.
(마23:23/ 비교, 렘22:15-16, 미6:8, 마9:13)

　　a. 하나님께서 우리에게 구하시는 것은 오직 정의를 행하
　　며 인자를 사랑하며 겸손하게 하나님과 함께 행하는 것
　　입니다. (미6:8)

　　b. 하나님께서는 인애를 원하고 제사를 원하지 아니하시며,
　　번제보다 하나님을 아는 것을 원하십니다. (호6:6)

　　c. 하나님께서 제사 드리는 것보다 공의와 정의를 행하는
　　것을 기쁘게 여기십니다. (잠21:3)

　　d. 예수님께서 세상에 오실 때 '정의를 세우리라'는 구약 성

경의 예언을 입고 오셨습니다. (사42:1-4)

  e. 그리스도인은 모든 일을 공평과 정의로 처리해야 합니다. 그렇지 않으면 하나님께서 예배를 받으시지 않으십니다. (사1:10-17, 암5:21-24/ 비교, 출23:6-8, 레19:15, 신25:13-16, 32:4, 잠21:3)

  f. 그리스도인은 외모로 사람을 판단하지 말아야 합니다. (신1:17, 16:19, 삼상16:7, 요7:24, 약2:9)

  g. 공의의 열매는 화평이며, 공의의 결과는 영원한 평안과 안전이 됩니다. (사32:17)

(3) 그리스도인은 가능한 한 서로 송사(訟事)는 피하는 것이 좋습니다.

  ① 송사는 피해야 합니다. (고전6:1-7/ 비교, 눅17:3-4)

  ② 화평을 만드는 사람이 복 있는 사람입니다. (마5:9)

  ③ 악을 선으로 갚도록 노력해야 합니다. (롬12:17-21)

  ④ 의를 위해 박해를 받는 자는 복 있는 사람입니다. (마5:10)

  ⑤ 그리스도인이 송사를 판결하는 위치에 있다면 공평하게 송사를 처리하여야 합니다. (출23:6-7, 레19:15, 시9:8, 사10:2)

(4) 그리스도인은 사회정의를 위하여 불의에 대하여 반드시 항거해야 할 때가 있습니다.

  ※ 이 경우에는 이 일이 주님의 영광을 위한 일인지 잘 분별하여 간절한 기도 후에 참여해야 할 것입니다.

  ① 우리 자신을 의의 병기로 하나님께 드려야 합니다. (롬6:13)

  ② 그리스도인은 불의를 기뻐하지 않으며, 진리와 함께 기뻐합니다. (고전13:6)

  ③ 주님의 이름을 부르는 자는 불의에서 떠나야 합니다.

(딤후2:19, 딤후3:1-5)

④ 그리스도인은 나에게 해를 끼치는 이에 대한 징계를 하나님
께 맡겨야 한다는 점을 주의해야 합니다.

　　a. 교만하여져서 마귀를 정죄(定罪)하는 범죄에 빠질 수 있
　　　게 될 수 있습니다. (딤전3:6)

　　b. 그리스도인은 악인의 징계를 하나님께 맡겨야 합니다.
　　　(시37:1-7,12-15)

⑤ 하나님께서는 압제 당하는 자의 피난처와 산성이 되십니다.
　(시9:9)

3) 그리스도인의 복의 근원은 산상보훈에 있습니다. (마5:3-12)

(1) 궁극적인 그리스도인의 복된 사회적 삶의 원천은 예수 그리
스도께서 가르치신 여덟 가지 복의 교훈에 있습니다. 이는
성도들이 그리스도인의 모습으로 사회적 삶을 살아가는 지
침이기도 합니다. (마5:3-10)

① 심령이 가난한 자는 복이 있습니다.
　천국이 그들의 것이기 때문입니다. 이는 오로지 하나님을
　의지한다는 것을 의미하며 천국을 상속받는다는 의미입니
　다. (마5:3)

② 애통하는 자는 복이 있습니다.
　그들이 위로를 받을 것이기 때문입니다. 이는 죄를 민감히
　여겨 통회함으로써 위로를 받게 된다는 점을 가르치신 말씀
　입니다. (시61:1-3, 마5:4)

③ 온유한 자는 복이 있습니다.
　그들은 땅을 기업으로 받게 될 것입니다. 이는 온유하고 악
　의가 없으므로 새 땅을 상속받게 된다는 것을 의미합니다.

(마5:5)

④ 의에 주리고 목마른 자는 복이 있습니다.

이는 하나님의 의를 간절히 사모하는 자에게는 예수 그리스도께서 그 의가 되심으로 만족함을 얻게 할 것입니다.
(마5:6)

⑤ 긍휼히 여기는 자는 복이 있습니다.

저희가 긍휼히 여김을 받게 될 것이기 때문입니다. 이는 사죄와 연민을 가진 그리스도인이 하나님의 도우심으로 구원을 얻게 된다는 말입니다. (마5:7)

⑥ 마음이 청결한 자는 복이 있습니다.

그들은 하나님을 보게 될 것이기 때문입니다. 거룩한 마음과 경건하고도 성결한 삶을 사는 사람들을 하나님께서 찾아가실 것이기 때문입니다. 그분을 만나고 그분의 임재를 경험하게 될 것입니다. (마5:8)

⑦ 화평케 하는 자는 복이 있습니다. 그들이 하나님의 아들이라 일컬음을 받을 것이기 때문입니다. 이는 하나님과 예수님을 믿지 않는 사람들을 주님께로 인도하여 화목케 함으로써 하나님의 아들이라 일컬음을 받게 된다는 의미입니다.
(마5:9)

⑧ 의를 위하여 박해를 받는 자는 복이 있습니다.

천국이 그들의 것이기 때문입니다. 예수님에 대한 의와 믿음과 신뢰 때문에 박해를 받는 성도들에게는 천국이 예비되어 있습니다. (마5:10, 벧전3:14, 계7:13-17)

(2) 궁극적으로 예수 그리스도 그분의 교훈을 따르는 제자의 삶을 삶으로 고난을 당하는 것은 축복입니다. (마5:11-12)

① 예수 그리스도로 말미암아 욕을 당하고, 박해를 당하며, 모든 악한 말을 듣는 것은 우리 그리스도인들에게는 복이 됩

니다. 하늘에서 우리의 상급이 클 것이기 때문입니다.
(마5:11, 눅21:19, 약1:12, 벧전4:14)

② 예수님께서 이 세상에 오시기 전 선지자들이 이미 박해를 받았을 뿐만 아니라, 제자들 역시 예수님 때문에 박해를 받았다는 사실로 우리 그리스도인들에게도 박해가 있을 수 있다는 사실을 알 수 있습니다.
(마5:12, 눅21:16-17, 행7:51-52, 벧전5:9)

③ 예수님 때문에 환란을 당할 때, 주님께서 예비하신 상급이 있다는 사실로 우리는 기뻐하며 즐거워하며, 우리의 믿음을 굳건히 하여야 할 것입니다. (마5:12, 벧전5:9-10)

(3) 하나님께서 우리에게 허락하신 궁극적인 축복은 영생입니다. (마5:11-12)

① 하나님께서 복을 명령하셨습니다. 이 복은 영생입니다.
(시133:3)

② 주님의 이름을 위하여 집이나 형제나 자매나 부모나 자식이나 전토를 버린 자마다 여러 배를 받고 영생을 상속받게 됩니다.
(마19:29, 막10:30, 눅18:29-30)

③ 하나님께서 이 세상을 사랑하셔서 독생자를 보내셨고, 그분을 믿는 자마다 영생을 허락하셨습니다.
(요3:16, 3:36, 6:40,47)

④ 영생은 유일하신 참 하나님과 그분께서 보내신 예수 그리스도를 아는 것입니다. (요17:3)

⑤ 죄로부터 해방되고 하나님의 종이 되어 거룩함에 이르는 열매를 맺은 결과는 영생입니다. (롬6:22)

4) 결론적으로, 그리스도인의 복된 삶은 하나님의 가르치신 말

씀을 따라 사는 데서 출발합니다.

(1) 궁극적인 그리스도인의 복된 삶의 본질은 예수님께서 가르
치신 사랑의 계명을 지키는 데 있습니다.

> ● 예수께서 이르시되, 네 마음을 다하고 목숨을 다하고 뜻을 다
> 하여, 주 너의 하나님을 사랑하라 하셨으니, 이것이 크고 첫째 되
> 는 계명이요, 둘째도 그와 같으니, 네 이웃을 네 자신 같이 사랑하
> 라 하셨으니, 이 두 계명이 온 율법과 선지자의 강령(綱領)이니라.
> (마22:37-40, 막12:29-31)

(2) 그리스도인은 성경이 가르치신 대로 국가와 사회를 위하여
기도하며 또한 정의를 실천하여야 합니다.

(3) 그리스도인에게 사회적 책임이 요구될 때, 그리스도인은 하
나님의 말씀에 비추어 정의를 판단하고, 그 행동에 그리스
도인으로서의 책임이 따른다는 사실을 잊지 말아야 합니다.

✚ 결 어

지금까지 성경의 처음부터 끝 부분까지 우리 인간의 탄생기부터 하나님의 구속을 계획하심과 예수 그리스도의 우리를 위한 대속의 죽음의 실행, 그리고 성령님의 구원에 대한 활동 등을 개략적으로 살펴보았습니다.

성경의 세세한 부분까지 파고들자면 아마 이 책의 열권을 더한다고 해도 어려울 것입니다. 그러나 개괄적으로나마, 이 책의 처음부터 끝까지 읽을 수 있게 된 것은 아마 성령님의 인도하심이 있었기 때문이었을 것입니다.

지금까지 출간된 수많은 성경공부 책이나 교의학, 기독교 교리서 등을 연구한다고 해도 사실은 웨스트민스터 종교회의에서 만들어진 '웨스트민스터 신앙고백(Westminster Confession of Faith, 1648년)'[1] 과 '웨스트민스터 대·소요리문답'만큼 우리들에게 간결하고도 정확하게 신앙의 길을 열어주는 더 이상의 표준적인 내용은 없을 것입니다. 그만큼 장로교의 뿌리가 되고 있는 '웨스터민스터 신앙고백'은 아직까지도 우리 신앙을 고백하는 근간이 됨은 의심할 여지가 없는 것입니다.

---

1) 이 표준 문서는 영국 국회의 결의로 1643년 7월 1일 영국 웨스트민스터 대회당에 모여서 만들어졌습니다. 표준 문서는 '신앙고백 33장' '대요리문답 196문' '소요리문답 107문'으로 구성되어 교회의 정치 및 예배의 모범, 그리스도인의 생활 모두를 총 집대성한 기독교의 표준교리로 볼 수 있습니다.
1643년 7월 1일부터 1649년 2월 22일까지 5년 6개월 22일 동안 영국 런던 웨스트민스터 대회장에서 만들었기 때문에, '웨스트민스터 신앙고백서'란 이름이 붙게 되어졌습니다. 이때 모인 나라는 영국, 스코틀랜드, 화란입니다. 이 3개국이 연합하여 125명의 목사와 22명의 하원의원과 10명의 귀족 등 157명이 5년 6개월 22일간 매일 오전 9시부터 오후

그러나 좀 더 세밀히 파고들면 들수록 신학적 논쟁이 배경이 되고, 평신도들이 단숨에 이해하기에는 조금 어려운 면이 있어 이해하기가 쉽지만은 않은 것입니다. 이것은 고도의 신학적 논거 위에 수많은 신학자가 요약한 고백문이기 때문입니다.

그 후 교파마다 나름대로의 또 다른 신학이론을 배경으로 구원론을 설명하고, 신학교 교수들의 다양한 기독교 교리를 설명하는 조직신학과 교의학 해설서들이 양산되고 있기는 하지만, 신학적인 학문이 기초가 되고 있어 평신도가 접근하기에는 어려움을 느낄 수밖에 없는 것이 현실입니다. 좀 더 성경을 기준으로 쉽게 공부할 수 있는 요약 정리된 책이 필요한 것을 느꼈던 것도 바로 이러한 이유 때문이었습니다.

인간의 심성이 하나님을 알면 알수록 그분께 더 가까이 나가고 싶어지고, 그분이 어떤 분이신지 알고 싶어 하기 마련일 텐데, 이 책의 주제는 그런 성도들의 욕망을 조금이나마 해소시키기에 부족함이 없을 것으로 생각합니다.

하나님의 놀라우신 사랑과 그분의 인도하심, 예수 그리스도를 대속의 어린 양으로 보내신 사랑 등을 성경을 통해서 찾아보는 것은 기쁨입니다. 마지막 천국의 상급이 있음을 우리 성도들이 깨닫고, 또한 하나님의 놀라우신 구원의 계획 속에 우리가 있음을 알아, 하나님 중

5시까지 하루 8시간씩 1,163회 모임 끝에 완성 되어졌으며, 매 출석인원은 60~80명이 었습니다. 특히 한달에 하루씩 금식기도하며 표준문서를 작성한 것으로 알려지고 있습니다. 이는 성령님의 역사가 아니고는 도저히 불가능한 대역사였습니다.
1649년 스코틀랜드 의회에서 승인하고, 1690년 윌리암과 메리왕 때 황실의 비준을 얻었습니다. 이것이 영국 교회의 신앙고백의 표준으로 그 지위를 차지했습니다. 이 표준 문서는 칼빈주의 신학이며, 이것이 청교도를 통해 미국 대륙에 들어가서 미국장로교회의 신조가 되었고, 미국 장로교회의 선교를 받은 한국장로교회도 이것을 신앙고백으로 받아들였습니다.

심으로의 삶을 살도록 안내하는 것이 이 책의 목적입니다. 이러한 결론은 요한 1서 4장 16절의 말씀과 같이 '하나님은 사랑'이시라는 말씀으로 귀결되어 집니다.

> ● 하나님이 우리를 사랑하시는 사랑을 우리가 알고 믿었노니 하나님은 사랑이시라 사랑 안에 거하는 자는 하나님 안에 거하고 하나님도 그의 안에 거하시느니라 (요일4:16)

하나님은 언제나 우리와 함께 하시고 계시며, 우리의 앞날을 인도해 주실 것이며, 성도들의 눈물을 잊지 않으시고, 천국에서 그 눈물에 대하여 보상해 주실 것입니다.

이 책을 읽은 여러분들은 구원의 확신과 구원의 보장하심을 깨닫고 그리스도 안에서 인내하며 기쁨으로 믿음의 생활을 누릴 수 있어야 합니다. 하나님은 세미하시며, 우리를 고난 가운데서도 버리시지 아니하시고 우리를 이끄신다는 사실을 알게 된다면, 더 이상의 고통과 눈물은 우리에게 무의미해질 것이기 때문입니다.

마지막 죽음의 순간까지도 하나님의 말씀을 붙잡고, 주님의 끊을 수 없는 사랑 가운데서, '더욱 힘써 믿음에 덕을, 덕에 지식을, 지식에 절제를, 절제에 인내를, 인내에 경건을, 경건에 형제 우애를 그리고 그 형제 우애 위에 사랑을 더하라'(벧후 1:5-7)는 성경의 간곡한 당부 말씀처럼, 우리는 예수 그리스도의 사랑의 무궁하심을 깨닫고, 그분의 고귀하신 사랑을 조금이라도 닮아가도록 노력하여야 할 것입니다.

또한 교회 안에서 말을 절제하며, 하나님의 지식의 성품에 닮아갈 때까지 조심스럽게 한 걸음 한 걸음 내딛으며 주님께로 가까이 나아가는 여러분이 되어야 할 것입니다.

이것이 이 세상을 살아가는 동안 주님께서 여러분 각자에게 부르
시는 소명일 것이며, 또한 이것이 천국의 상급을 기다리며 그리스도
인으로서의 삶을 살아가는 여러분들에게 제시하는 이 책의 주제이며
결론이기도 한 것입니다.

✚ 참고 문헌

다음의 참고 서적들은 성경을 이해하고 체계화시키는 데 도움이 되는 문헌들입니다. 이외에도 많은 문헌들을 참고하였으나, 견해를 완전히 달리하는 서적들은 제외하였으며, 주요 참고 자료들만 게재합니다. 대부분의 자료들이 그렇듯이 직접 인용한 부분도 있지만, 직접 인용부분이 전혀 없다 하더라도 자료를 정리하는 과정에서 매우 필요한 서적들이었습니다.

종합성경연구

1. 『The 'All' Series by Dr. Lockyer(전16권)』, Herbert Lockyer, Zondervan, 1978
2. 『Guide to the Bible(전3권)』, H.L.Willmington, Tyndale House Publishers, 1984
3. 『윌밍턴종합성경연구 I -III(전3권)』, H.L.윌밍턴, 박광철 역, 생명의말씀사, 1990 (위의 번역서)
4. 『약속 그리고 구원 I -IV(전4권)』, S.G.DE. 그라아프 저, 박권섭 역, 크리스챤 서적, 1986
5. 『성경인물연구 1-10 (전10권)』, 성경인물연구편찬위원회, 도서출판 시온성, 2003
6. 『핸드릭슨 성경핸드북』, 윌리엄 핸드릭슨, 김경신 역, 아가페출판사, 1986
7. 『손에 잡히는 넬슨 성경개관』, 토마스 넬슨 출판사 엮음, 김창환 옮김, 죠이선 교회출판부. 2007
8. 『할레이 성서 핸드북』, Henry Haqmpton Halley, 오희천, 오성현 옮김, 기독교문사, 2010.
9. 『마스터 성경 종합 요약자료집』, 박기성 목사, 생명의말씀사, 2003
10. 『성경의 파노라마』, 헨리에타미어즈, 생영의말씀사, 1983
11. 『프린스톤 채플 노트』, 찰스 하지, 김유배 역, 소망사, 1998

사전 및 주석류

1. 『New Bible Dictionary, second edition』, Intervarsity press, 1982
2. 『The Eeedramans Bible dictionary』, Allen C. Myers, William B. Eerdmans, 1987
3. 『Beacon dictionary of theology』, Taylor Grider Taylor, Beacon Hill Press of Kansas city, 1983
4. 『Baker's Dictionary of Theology』, Everett F. Harrison, Baker Book House, 1988
5. 『말씀의 네트워크(생활 교리 성구사전)』, 차동엽, 홍승표 신부 엮음, 미래사목 연구소, 2007
6. 『라이프성경사전』, 가스펠 서브 지음. 생명의말씀사, 2011
7. 『라이프성경단어사전』, 가스펠 서브 지음. 생명의말씀사, 2011
8. 『신학용어사전』, 성결교회신학연구위원회, 기독교대한성결교회출판부, 2005
9. 『연대기 성경』, 하용조, 차준희, 두란노서원, 2009
10. 『뉴인터네셔널 주석』각 권, 생명의말씀사
11. 『국제인터내셔널 주석』, 각 권, 한국신학연구소
12. 『로마서 I - V』(전5권), 김선운, 1986, 양서각

교리 및 교리연구서

1. 『웨스트민스터 신앙고백』, 김혜성/남정숙 공역, 생명의말씀사 1983
2. 『웨스트민스터 신앙고백』, 김혜성 남정숙 공역, 생명의말씀사, 1990
3. 『로이드 존스 교리강좌 시리즈 1-3』, 마틴 로이드 존스 지음, 임병진 옮김, 부흥과개혁사, 2012
4. 『하이델베르크 요리문답 강해 1-4』, 김헌수 지음, 2011
5. 『개혁주의 신앙의 기초(전3권) - 웨스트민스터 소요리문답 해설』, 김은수 지음,. SFC, 2010
6. 『쉽게 풀어쓴 기독교 신학 I - V(전5권)』, 박재호, 비전북출판사, 2001
7. 『고대기독교교리사』, J.N.D. 켈리 저, 박희석 역, 크리스천다이제스트, 2004

성경총론

1. 『성서개론』, 김희보, 종로서적, 1988
2. 『신학입문 I, II』(2권), C.베스터만 편저, 이정배 옮김, 대한기독교서회, 1988

3. 『성서입문』, 클라우스 베스터만, 김이곤, 황선규 역, 한국신학연구소, 1988
4. 『성경을 어떻게 읽을 것인가』, 고든 디피, 더글라스 스류어트 공저, 오광만 옮김, 성서유니온, 1989
5. 『해석학적 성서 이해』, 이상훈, 대한기독교서회, 1992
6. 『외경이란 무엇인가』, B 메츠커 지음, 민영진 역, 컨콜디아사, 1990
7. 『성서의 비유』, 곽인전 저, 대한기독교출판사, 1986
8. 『성서와 축복』, C. 베스터만, 장일선 역, 대한기독교출판사, 1989
9. 『70인역과 신약정경 연구』, 한의신, 성광문화사, 1988
10. 『신약외경』, 이상근 지음, 성등사, 1998
11. 『구약외경』, 이상근 지음, 성등사, 1998
12. 『성경해석학 총론』, 윌리암 클라인외2, 류호영 역, 생명의말씀사, 1997
13. 『기독교의 기초』, 김상태 교수 외 1, 보이스사, 2002

구약신학

1. 『구약성서 이해』, 버나드 W 앤더슨, 강성열외 1 옮김, 크리스챤다이제스트, 2005
2. 『구약성서개론』, 박대선, 김찬국, 김정준 공저, 대한기독교서회, 1989
3. 『구약성서개론』, 최종진, 소망사, 1989
4. 『구약정경개론』, B.S.차일즈 지음, 김강동 옮김, 대한기독교출판사, 1988
5. 『구약개론』, 도날드 거스리, 김근수외 역, 기독교문서선교회, 1988
6. 『구약개관』, 윌리엄 S. 라솔 외 1, 박철현 옮김, 크리스챤다이제스트, 2003

신약신학

1. 『신약개론』, 도날드 거스리 지음, 박영호외 역, 기독교문서선교회, 1988
2. 『신약정경개론』, W.G.큄멜 저, 박익수 옮김, 대한기독교출판사, 1988
3. 『신약신학』, G.E. 래드, 이창우 옮김, 성광문화사, 1988
4. 『신약개론』, 헨리디이슨 저, 권혁봉 역, 생명의말씀사, 1987
5. 『신약성서개론』, 김철손, 박창환, 안병무 공저, 대한기독교서회, 1989
6. 『신약개론』, 머릴테니, 서울서적, 1988
7. 『신약개설』, 이상훈, 종로서적, 1987
8. 『신약성서이해』, 하워드클락키이, 서중석 옮김, 한국신학연구소, 1990
9. 『Understanding the New Testament』, Howard Clark Kee, Prentice Hall, 1983

10. 『Reading The New Testament』, John A.t. Robinson, Westminster Press, 1976
11. 『신약성서 어떻게 이루어졌는가』, 에두아르트 로제, 박두환, 이영선 옮김, 한국신학연구소
12. 『신약성서 어떻게 읽을 것인가?』, 한스콘젤만 외1, 박두환 옮김, 한국신학연구소, 2003

조직신학

1. 『Understanding Theology I -III (전3권)』, R.T. Kental, Christian Focus, 2001
2. 『조직신학강의 I -III(전3권)』, R.T. 켄달, 크리스챤서적, 2003 (위의 번역서)
3. 『벌코프 조직신학』, 루이스 벌코프 지음, 권수경, 이상원 옮김, 2001
4. 『조직신학강론』, 헨리 디이슨, 권혁봉 역, 생명의말씀사, 1989
5. 『기독교신학개론』, 전성용, 대한기독교교육협회, 1987
6. 『삼위일체와 성결』, 한영태, 성광문화사, 1994
7. 『웨슬리의 조직신학』, 한영태, 성광문화사, 1994,
8. 『그리스도인의 성결』, 한영태, 성광문화사, 1995
9. 『교의학』, 홉스트 G. 필반, 이신건 옮김, 대한기독교육협회, 한국신학연구소, 1989
10. 『성령신학』, 프레드릭 데일 브룬너/김명용 옮김, 나눔사, 1993
11. 『칼빈주의와 웨슬레 신학』, 빌프레드 오인콥, 한영태 역, 생명의 말씀사, 1987
12. 『웨슬레와 성화』, Lindstorm, 전종옥 역, 기독교대한감리회교육국, 1984
13. 『칼 바르트 교회교의학』, 오토 배버, 김광식 역, 대한기독교서회, 1988
14. 『성결교회신학』, 서울신학대학교 성결교회신학연구위원회, 2007
15. 『성경이 말하는 성령』, 스탠리 M. 홀톤 지음, 영산출판사, 1983
16. 『평신도 신앙 베이직』, 김승호, 생명의말씀사, 2005
17. 『신앙에 관한 편람』, 제임스 마이클 리 편저, 김국환 옮김, 한국장로교출판사, 2000
18. 『기독교강요 상, 중, 하 (전3권)』, 존 칼빈 지금, 김종흠, 신복윤, 이종성, 한철하 공역, 생명의말씀사
19. 『Church Dogmatics by Karl Barth』, G.w Blomiley & T, F. Torrance, T. & T. clark, 1976
20. 『역사 속의 신학』, Alister E. McGrath 지음, 김홍기외 3인 옮김, 대한기독교

서회, 2011

예수 그리스도

1. 『나자렛 예수』, 교황 베네딕토 16세 지음, 최호영, 김하락 옮김, 김영사, 2010
2. 『예수님의 생애와 교훈』, 제임스 스튜어트/김득중 역, 컨콜디아사, 1986
3. 『신약의 열두 제자와 그 밖의 열두 사람』, 이상훈, 종로서적, 1996
4. 『예수의 이야기』, 이상훈, 종로서적, 1997
5. 『예수는 누구인가』, E.G.제이/주재용역, 생명의말씀사, 1984
6. 『원시 그리스도 예수님』, 김명수, 한국신학연구소, 2001
7. 『예수님의 교회관』, 아이언, 아가페출판사, 1990
8. 『예수, 예루살렘 입성에서 죽음과 부활까지 마지막 일주일』, 마커스복, 존 도미닉 크로산 지음, 오희천 옮김, 다산북스, 2012
9. 『예수의 수난 상, 하』, 박홍무, 쿰란출판사, 2008.3
10. 『신약의 십자가』, 레온 모리스 저, 기독교문서선교회, 1987
11. 『고난받는 그리스도』, F.W.크룸마허, 서문강 역, 지평서원, 1987
12. 『그리스도의 십자가』, 존스타트, 지상우역, 기독교문서선교회, 1988
13. 『모세오경에 나타난 그리스도』, 이남종, 새순출판사, 1987
14. 『마지막 일주일』, 마커스 보그, 존 도미니 크로산 지음, 다산초당, 2012.
15. 『가장 길었던 한 주』, 닉 페이지 저, 오주영 역, 포이에마, 2012
16. 『현대인을 위한 성도의 공동생활』, 디트리히 본회퍼 저, 조현진 역, 프리셉트, 2011
17. 『예수와 기독교의 기원 상, 하』, 제임스 던 지음, 차정식 옮김, 새물결플러스, 2012

기도

1. 『예수님의 기도』, 하워드 벨벤 저, 네비게이토출판사, 1987
2. 『능력있는 기도』, 존 알라이스/유용규 역, 생명의말씀사, 1990
3. 『바울의 기도연구』, 아더 핑크 편저, 서문강 역, 생명의말씀사, 1983
4. 『성경적 기도생활』, 한국복음주의협의회, 두란노서원, 1988
5. 『기도의 무장』, 바운즈 지음, 한준수 옮김, 생명의말씀사, 2008
6. 『실제적인 기도』, 바운즈 지음, 한준수 옮김, 생명의말씀사, 2008
7. 『성공적인 기도』, 바운즈 지음, 한준수 옮김, 생명의말씀사, 2008

8. 『무릎으로 사는 그리스도인』, 무명의 그리스도인, 생명의말씀사, 2008
9. 『기도론 교재』, 유상무, 한국개혁신학연구원, 1990
10. 『참된 기도』, 에릭 알렉산더 지음, 조계광 옮김, 생명의말씀사, 2012.

주기도문 · 사도신경 · 십계명

주기도문과 사도신경, 십계명의 연구서들은 독립된 자료들 보다 종합성경연구
또는 기독교교리연구서에서 더 많은 참고자료들을 찾아볼 수 있습니다.

1. 『열흘 동안 배우는 주기도문 학교』, 임영수, 홍성사, 1999
2. 『윌리암 바클레이 팔복 주기도문 강해』, 문용학, 이규민 공역, 크리스찬다이
   제스트, 1988
3. 『우리에게 일용할 양식을 주옵소서』, 홍성철, 세복, 1998
4. 『예수님의 기도와 여덟가지 축복』, 유진배, 최영희 저, 누가, 2004
5. 『칼 바르트 사도신경해설』, 신경수 옮김, 크리스탄다이제스트, 2003
6. 『현대인을 위한 신앙고백』, 곽선희 목사, 종로서적, 1987
7. 『주기도문』, 제임스패커 지음, 김진웅 옮김, 아바서원, 2012
8. 『판넨베르크의 사도신경해설』, 정용섭 올김, 한돌출판사, 2000
9. 『2주 동안 배우는 사도신경 학교』, 임영수, 홍성사, 2005
10. 『사도신경』, 차동엽, 위즈앤비즈, 2012
11. 『사도신경』, 제임스패커 지음, 김진웅 옮김, 아바서원, 2012
12. 『사도신경』, 이승구 지음, SFC출판부, 2012
13. 『현대 크리스찬의 생활규범 십계명 연구』, 한규석 지음, 성광문화사, 1988
14. 『십계명 해설』, 토마스 왓슨, 이기양 옮김, CLC, 2007
15. 『교회 다니면서 십계명도 몰라』, 한준의, 국제제자훈련원, 2012
16. 『십계명 예화 강해』, 헛 셀포드 지음, 박윤돈 번역, 시온성, 2003
17. 『기독교의 기초』, 김상태, 김경철 목사, 보이스사, 2002
18. 『십계명』, 제임스패커 지음, 김진웅 옮김, 아바서원, 2012

계시신학

1. 『요한계시록』, 에두아르트 로제, 박두환, 이영선 옮김, 한국신학연구소
2. 『오토뵉허의 요한묵시록』, 소토뵉허, 박두환 저, 한국신학연구소, 2003
3. 『소아시아 일곱 교회에 보내는 편지』, 윌리암 바클레이, 글샘,, 1992
4. 『요한계시록강해 상 · 하(2권)』, 경향문화사, 1986

5.『계시신학』, 석원태, 경향문화사, 1985
6.『요한계시록 강해』, 이재만, 진명출판사, 1992

실천신학

1.『실천신학개론』, 복음주의 실천신학회, 세복, 1999
2.『예배학개론』, 정장복, 종로서적, 1991
3.『예배학원론』, 폰 알벤 지음, 정용섭외 3인 역, 대한기독교출판사, 1979
4.『예배와 생활』, 김소영 저, 대한기독교서회, 1988
5.『전도신학』, 아브라함 카이퍼, 박수준 역, 소망사, 1989
6.『선교신학』, 데이비스 J. 보쉬 지음, 전재옥 역, 두란노서원, 1989
7.『예수님의 선교』, 하워드 벨벤 저, 네비게이토출판사, 1987
8.『예배와 음악』, 김대권 지음, 그리심, 2008

기독교윤리

1.『기독교윤리의 종합적 연구』, 레로이롱 저, 박봉배 역, 한국신학연구소1984
2.『그리스도인의 사회적 책임』, 찰스라이리 저/ 송정근 역, 생명의말씀, 1985
3.『기독교 윤리해설』, 이강천 저, 서울신학대학, 1980
4.『구약성경윤리』, 월터카이저 저, 홍용표 역, 생명의말씀사, 1997
5.『평화와 정의』, 루이제 빌리 쇼츠로프 지음/남 경우 옮김, 대한기독교서회, 1989

전도와 선교

1.『사회정의와 세계선교를 향한 제자도』, 월드런스코트, 강선규역, 두란노서원, 1990
2.『교회의 선교적 본질』, 요하네스 블라우, 전재옥외 역, 대한예수교장로회출판국, 1988
3.『주님의 전도계획』, 로버트 콜만 저, 홍성철 역, 생명의말씀사, 1989
4.『현대 크리스챤의 생활규범』, 한금석, 성광문화사, 1988
5.『어린이 예배의 설계』, 로저 고벨, 필립 C. 후버/ 박동근 옮김, 대한기독교서회, 1984
6.『교회의 신앙교육』, John H, Westerhoff3, 정웅섭 옮김, 대한기독교서회, 1986

교회사

1. 『초대교회사』, 서요한, 크리스챤다이제스트, 1999
2. 『세계교회사』, 칼 호이시 지음, 손규태 옮김, 한국신학연구소, 2004
3. 『고대기독교교리사』, J.N.D. 켈리 저, 박희석 역, 크리스챤다이제스트, 2004
4. 『유세비우스의 교회사』, 엄성옥 옮김, 도서출판 은성, 2008
5. 『기독교회사』, 류형기, 한국기독교문화원, 1988
6. 『필립샤프의 교회사 전집 1-8 (전8권)』, 필립샤프, 크리스챤다이제스트, 2004
7. 『황금전설』, 보라기네의 야코푸스 저, 윤기향 역, 크리스챤다이제스트, 2007

기타 주제별 연구

1. 『새로운 하나님의 계획』, 엘머 에이 말텐스, 김의원 역, 아가페문화사, 1990
2. 『믿음의 영웅들』, 아더 핑크, 정세순 역, 새순출판사, 1988
3. 『가장 아름다운 여인』, 키엔카젠, 김순희 역, 생명의말씀사, 1984
4. 『성막』, M.R. 디한/조규상 역, 생명의 말씀사, 1988
6. 『교회성장을 위한 신약성서의 방법』, 웨이론 B. 모어, 네비게이토출판사, 1986
6. 『교회는 왜 음악교육을 필요로 하는가』, 정정숙 저, 서울신학대학교 출판부, 1990
7. 『역사에서 희망 읽기』, 정옥자, 문이당, 1998
8. 『기독상담의 도우미』, 황희철, 생명의말씀사, 2005
9. 『보시니 참 좋았다』, 성서와 함께, 편집부, 성서와 함께, 1988
10. 『설교자와 그의 설교』, 알프레드 깁스, 조성훈 옮김, 전도출판사, 1993

경제생활

1. 『온전한 십일조』, 신상배 지음, 예영커뮤니케이션, 2007.5
2. 『교역자의 물질관리』, 존 맥아더 저, 박용순 편역, 서울서적, 1987
3. 『돈, 소유, 그리고 영원』, 랜디 알콘 지음 김신호 옮김, 예영커뮤니케이션, 2008
4. 『부자의 습관부터 배워라』, 이일화 지음, 다밋, 2008

논문과 논문집

1. 『사중복음서의 신유에 대한 해석학적 평가』, 21세기와 서울신학대학교, pp.271-297, 조갑진, 2002

2. 『성결교회신학의 한 모색』, 21세기와 서울신학대학교, 전성용, pp.298-340, 2002
3. 『하나님 나라와 성결』, 성결교회와 신학(제17호), pp.232-242, 2007
3. 『교수논총, (제7집)』, 서울신학대학교, 1996,
4. 『신학과 선교 (제21집)』, 서울신학대학교, 1996,
5. 『오중복음과 삼중축복의 설교』, 조승렬, pp.44-49, 새하늘과 새땅, 순복음신학원, 2003
6. 『성령에 관한 소고』, 황문섭, 한성신학대학 졸업논문, 1985
7. 『신학과 선교』 및 『교수논총』, 『신학지남』, 『장신논단』 등에 게재된 기타 다수의 논문들

성경공부 교재 및 기타자료

2. 『주제별 성경연구』, 알반 더글라스 지음, 두란노서원 편집, 2006
3. 『교리별 성경연구』, 알란 스토링펠로우, 두란노서원 편집, 두란노, 2006
4. 『인물별 성경연구』, 알란 스토링펠로우, 두란노서원 편집, 두란노, 2008
5. 『성경종합시험자료집』, 장로회신학대학출판부, 장로회신학대학 출판부, 2002
6. 『예수 그리스도의 생애와 사역 Ⅰ-Ⅲ』, 네비게이토출판사, 2005
7. 『제자의 삶 Ⅰ-Ⅳ』, 홍순화, 2001
8. 『말씀과 삶, 청년부교재 Ⅰ-Ⅲ(전3권)』, 대한예수교장로회총회교육부, 1988
9. 『10단계 성경교재』, 한국대학생선교회, 순출판사, 1988
10. 『전도자가 되는 길』, 세계예수전도훈련원, 2003
11. 『제직과 달란트』, 엄도성, 한국로고스연구원, 2002
12. 『기독교인이 되려면』, 김명홍, 상지사, 1978
13. 『핵심16주 제자훈련』, 김재육외, 을파소, 2000
14. 『삼일교회 청지기 대학 교재』, 김재육, 삼일교회, 2002
15. 『삼일교회 목자 세미나 교재』, 삼일교회
16. 『신앙생활의 첫절음』, 김재육, 김재일 지음, 도서출판 하나, 1995
17. 『새생활의 출발』, 기독교대한성결교회 출판부, 1989
18. 『장로교회(통합·합동)』 및 『감리교회』, 『성결교회』 등 각 교단 헌법과 예식서 등

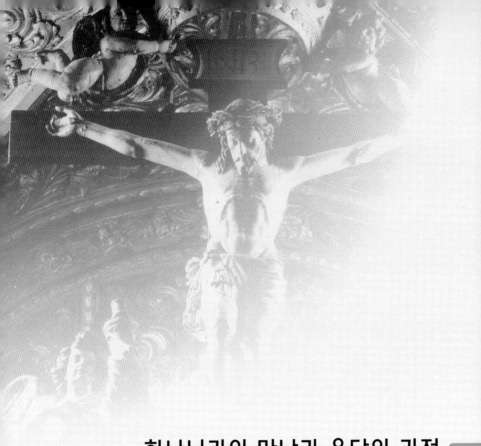

하나님과의 만남과 응답의 과정

후기

하나님과의 만남과 응답의 과정

　1984년 부흥회가 끝난 며칠 후였습니다.

　매일 저녁 잠자리에 들기만 하면 귀에서 이상한 소리가 들리는 이명(耳鳴)현상이 며칠간 계속되었습니다.

　그러던 어느 날 정말 요즘의 영화에서 나오는 머리부터 발끝까지 '검은 우의를 입은 듯한 수도승 같은 어떤 존재'로부터 무릎을 꿇고 세례를 받는 장면의 꿈을 꾸었습니다.

　무릎을 꿇고 세례를 받는 순간, 내 허리가 찢어질 듯이 아파서 나도 모르게 소리를 지르며 일어났고, 순간 온 식구들이 모두 놀라서 잠자리에서 깨어 일어났습니다.

　이튿날 밤 꿈에는 '믿음, 소망, 사랑, 그 중에 제일은 사랑이라'는 막대의 글자들을 보이지 않는 힘이 가슴으로부터 허리에서 뜯어내려고 안간힘을 썼습니다. 급기야 허리가 아파 일어났고, 내 온 몸에는 땀이 비 오듯 하였습니다.

　주일 오후 어느 여(女) 집사님께서 저를 위하여 기도를 하여 주셨습니다. 그분의 기도의 힘을 얻어 기도원에서 온 몸이 땀에 젖도록 하나님께 매달려 기도하였습니다. 그 순간 아픈 허리가 시원하게 느껴지며 통증이 씻은 듯이 사라지는 것을 경험하였습니다.

그 날 이후로 일년 동안 퇴근길 교회에 들러 매일 삼십분씩 작정을 하고 기도하였습니다. 지금도 주일 날 교회의 예배에 빠지지 않고 출석할 수 있는 것은 기도의 응답이라고 생각하곤 합니다.

스물한 살, 정말 성경말씀이 송이꿀처럼 달았습니다.

새로운 직장을 따라 임시 하숙집을 옮긴지 보름도 채 되지 않았는데 하숙집 여주인이 얼마간의 돈이 없어졌다고 도둑으로 몰았습니다. 그 달치 하숙비도 선금으로 다 치뤘지만 나머지 돈도 돌려받지 못하고 하숙집을 나와 교회의 전도사님이 사시는 사택으로 옮겼습니다.

매일 새벽과 아침 식후, 그리고 점심 시간과 저녁 시간 한 달을 작정하여 오로지 주님만 생각하며 기도로 매어 달렸습니다. 정말 기도하지 않으면 헤어날 수 없다는 생각뿐이었습니다. 교회가 떠나 갈 정도로 큰 소리로 기도하던 기도생활이 열흘쯤 계속되던 어느 날 아침 성경말씀이 제 온 몸을 전율처럼 감싸는 것을 경험하였습니다.

    ● **"너희를 향한 나의 생각은 내가 아나니, 재앙이 아니라 평안이요, 너희 장래에 소망을 주려하는 생각이라. 너희는 내게 부르짖으며 와서 내게 기도하면 내가 너희를 들을 것이요, 너희가 전심으로 나를 찾고 찾으면 나를 만나리라."** (렘29:11-13, 개역한글판)

그 많던 근심과 걱정이 사라지고, 정말 하나님만 계시다고 느껴지는 그 순간, 찬송가가 실제를 노래하고 있다는 사실을 깨달을 수 있었습니다.

'세상도 없고, 나도 없고, 사랑의 주만 보이도다.

이것이 나의 간증이요, 이것이 나의 찬송일세.

집으로 돌아간 한 달 후 어느 날, 아버지께서 조용히 물으셨습니다.

"너, 무슨 일 없었니?", "아뇨. 별일 없었는데요."

아버지께서 염려할 것 같아 아무 일 없었다고 말씀드렸습니다. 그리고 며칠 후 신기하게도 그렇게 기다리던 직장으로의 전근이 이루어졌고, 새로운 직장에서 매우 큰 인정을 받았다는 사실이었습니다.

더 신기로운 일은 하나님께서 아버지의 꿈속에 나타나 "네가 천국 갔다온 것처럼, 네 아들도 천국 갔다 왔다."라고 말씀하셨다는 사실이었습니다. 아버지께서는 제가 신학대학을 졸업할 무렵에야 저에게 이렇게 말씀을 하셨습니다. 그때 제가 엄청나게 큰 일을 당한 줄 아시고 매우 걱정을 하셨다고 하셨습니다.

그 후 세례를 받고, 일 년이 지난 철야기도회 때 온 몸을 감싸는 강력한 힘으로 이상한 언어로 말하기 시작하였습니다. 은사를 체험하기 시작한 것입니다.

다시 이 년의 세월이 지나고, 더 큰 믿음의 사람들을 만나고 싶어 서울로 오고 싶어 했지만 길이 열리지 않을 때입니다.

모두 다 즐겁게 하루를 보내는 크리스마스 날 오후, 홀로 한적한 시골의 기도원을 향하였습니다. 그리고 하나님의 응답하심을 기대하며 부르짖어 기도하였습니다. 두 시간마다 있는 막차를 타려고 내려가기 전 주님께 지금 응답하시지 않으시면, 가는 길에 만나는 사람을 통해서라도 응답하여 달라고 간구했습니다. 정말 주님께서는 그렇게 하셨습니다.

정류장에서 버스를 기다릴 때, 저는 전혀 모르는 시내의 어느 큰 교회 여 집사님이 저를 알아보셨습니다. 전혀 모르는 분들인데 옆에 계신 분이 자꾸 대화를 권하였습니다. 만약 제가 잘 아는 교회 친구의 이

모님이 아니었다면 대화조차 하지 않았을 것입니다.

그분의 얼굴을 바라볼 때, "하나님께서 더 큰 좋은 길을 준비해 놓으셨는데, 왜 그리 서두르느냐."고 그분이 먼저 이야기를 꺼냈습니다. 이 말을 듣는 순간 오늘 주님께서 나에게 말씀하시고 싶어 하시던 말씀이 이것이었구나 하는 생각이 불현듯 들었습니다. 다른 이야기를 붙이려는 집사님들의 대답에 함구한 채 돌아오는 버스 안에서 마음 속 깊이 평안을 얻을 수 있었습니다.

놀랍게도 12월 31일 종무식 날 아침, 1월 1일자로, 서울, 그것도 본부로 전근이 발표되었습니다. 그리고 신년 새해 7일간을 준비하며, 그렇게도 가고 싶어 하던 대학 진학을 준비할 수 있었습니다.

정말로 더 신기한 건, 신학교가 아닌 정규 신학대학으로는 50명 정원의 야간과정이 서울 근교에 있는 이 대학교 밖에 없어 부득이 이 학교를 선택하게 되었는데, 대학을 입학하자마자, 그 이듬 해부터 야간과정이 폐지되고, 주간학과와 통폐합되었다는 것이었습니다. 마치 하나님께서 나를 위하여 준비해 놓으셨던 것처럼, 내가 입학하자마자 야간과정이 사라지고, 주간과정으로 통합되었을 뿐만 아니라 대학의 야간과정 자체도 문이 닫혔다는 것이 나에게는 너무나 기이하게 느껴졌습니다.

그 후 30여년의 회사와 교역생활 동안 지나보면 하나님의 은혜가 아닌 것이 없었고, 심지어 내가 직장에서 받는 보직까지 하나하나가 하나님의 뜻과 의도 가운데 이루어지고 있었음을 지난 후에야 알게 되었습니다.

처음 직장을 출발하던 때, 세 가지의 조건을 놓고 일 년 동안 매일 삼십 분이나 한 시간씩 그렇게 기도했던 조건대로 직장이 주어져 있었고, 자리를 옮길 때마다, 나 자신의 의도와는 다른 보직을 받았을 때에도 지나보면 그것이 훨씬 더 나에게 유익한 진로였음을 깨달을 수 있었습니다. 가장 낮아지고 하나님을 떠나 있던 시간에도 주님께서는 바로 옆에 계셨고, 저와 함께 하시고 계셨던 것입니다.

바로 지금 이 순간에도 주님께서 끊임없이 저를 사랑하시고 계심을 깨닫고, 하나님을 사랑하는 방법과 그분이 우리에게 허락하신 길을 모두가 알 수 있도록 조그마한 집필로 그분께 영광을 돌리게 됩니다. 하나님이 살아계심을 우리 모두 알게 되기를 정말 간절한 마음으로 기도합니다.

✝ 후 기

이 책을 만들도록 허락하신 하나님께 다시 한번 감사를 드리지 않을 수 없습니다. 이 책의 완성 비결은 오로지 주님께서 함께 하셨기 때문입니다.

이 책은 집필하는 것이 목적이 아니라 제가 공부하고 싶었던 것을 잊지 않고 꾸준히 계속하는데서 얻어진 열매였습니다.

주님에 대한 타는 듯한 갈증과 목마름, 주님이 어떤 분이신지 알고 싶었고, 성경이 무엇인지를 알고 싶었습니다. 인생의 처음부터 끝까지. 분명히 하고 싶었습니다. 인간이 죽은 이후 어떤 삶이 계속되는지 또한 명확히 하고 싶었습니다. 그 후.

비좁을 정도로 빽빽한 책들로 어지러운 거실 가운데서, 아내의 핀잔을 뒤로 하고 날마다 밤늦게 성경을 찾고, 서적을 찾아보는 기쁨은 남들에게 자랑하지 못하는 혼자만의 즐거움이요 기쁨이기도 했습니다. 또한 이 즐거움은 성도 여러분들과 함께 나누고 싶은 즐거움이기도 하였습니다. 언제나 하나님을 찾는다는 것은 즐거운 일이라는 사실을 알기에 말입니다.

주님께서 다시 오신다는 것도 정말 이제는 알게 되었습니다. 이 책을 집필하고 난 뒤 말이죠. 하나의 병풍처럼 성경 66권의 이야기와 열여섯 주제별로 그 이야기의 그림을 그릴 수 있게 되었습니다. 여러분도 그렇게 해 보십시오.

하나님께서 인간을 창조하신 이후부터 다시 오실 그 때까지의 구원의 역사의 이야기를 퍼즐처럼 맞추어 보십시오. 여러분도 그 구원의 은혜의 강물에 함께 빠져 보시기 바랍니다.

나를
사랑하는 자들이
나의 사랑을 입으며,
나를 간절히 찾는 자가
나를 만날 것이니라.
부귀가 내게 있고,
장구한 재물과 공의도
그러하니라.

내 열매는
금이나 정금보다 나으며,
내 소득은
순은보다 나으니라.

나는
정의로운 길로 행하며,
공평한 길 가운데로 다니나니,
이는
나를 사랑하는 자가
재물을 얻어서
그 곳간에 채우게 하려 함이니라.

(잠8:17-21)

그리스도인을 위한 신앙생활 지침서

주기도문 · 사도신경 · 십계명
그리스도인의 참된 생활

초판1쇄 발행 2014년 7월

지은이 ㅣ 이일화

펴낸이 ㅣ 조정애

펴낸곳 ㅣ 유림프로세스

표지디자인 ㅣ 이일화

등록번호 제 2013 - 000003호

등록일자 2013.1.7

서울특별시 중구 충무로 21-12(초동)

Tel (02)2264-1653 / Fax (02)2264-1655

정가 ㅣ 9,800원 ISBN 978-89-98771-02-7